中国海关管理干部学院年鉴

2023

《中国海关管理干部学院年鉴（2023）》编纂委员会　编

中国海关出版社有限公司
·北京·

图书在版编目（CIP）数据

中国海关管理干部学院年鉴. 2023 /《中国海关管理干部学院年鉴（2023）》编纂委员会编. -- 北京 ：中国海关出版社有限公司，2024. --（中国海关史料丛书）.

ISBN 978-7-5175-0826-7

Ⅰ. F752. 5-54

中国国家版本馆 CIP 数据核字第 20246J66F6 号

中国海关管理干部学院年鉴（2023）

ZHONGGUO HAIGUAN GUANLI GANBU XUEYUAN NIANJIAN（2023）

作　　者：《中国海关管理干部学院年鉴（2023）》编纂委员会
责任编辑：孙　晹
责任印制：王怡莎
出版发行：中国海关出版社有限公司
社　　址：北京市朝阳区东四环南路甲 1 号　　邮政编码：100023
编 辑 部：01065194242-7535（电话）
发 行 部：01065194221/4238/4246/5127（电话）
社办书店：01065195616（电话）
https://weidian.com/?userid=319526934（网址）
印　　刷：北京中科印刷有限公司　　经　　销：新华书店
开　　本：889mm×1194mm　1/16
印　　张：11.75　　字　　数：280 千字
版　　次：2024 年 7 月第 1 版
印　　次：2024 年 7 月第 1 次印刷
书　　号：ISBN 978-7-5175-0826-7
定　　价：120.00 元

《中国海关管理干部学院年鉴（2023）》编纂委员会

《中国海关管理干部学院年鉴（2023）》编辑部

编辑说明

一、《中国海关管理干部学院年鉴》是中国海关管理干部学院（简称“管干院”）主办、年鉴编纂委员会承编的行业性综合年鉴，一年出版一卷，2023 年为第二卷。

二、本年鉴坚持以习近平新时代中国特色社会主义思想为指导，巩固拓展党史学习教育成果，系统总结历史经验，依法依规编纂，全面客观记录新时代中国海关管理干部学院改革发展历程，充分发挥年鉴存史、资政、育人作用。

三、《中国海关管理干部学院年鉴（2023）》的资料收录范围原则上为 2022 年 1 月 1 日至 12 月 31 日中国海关管理干部学院发生的重大事件及各项工作进展。主要以图照、文章、条目等形式，展现学院工作的主要特点和新成效。

四、本年鉴的编纂体例由类目、分目、条目组成，采取条块结合的记述方式。类目分为特载、专记、大事记、党的建设、教育培训科研、中国海关防辐射探测培训中心（海关总署监管技术研究中心）建设、对外合作交流、综合保障、荣誉·名录、附录等；分目则根据工作职能细分；条目为基本记述单元，记载年内基本情况和发生的大事、要事、特事，一事一条。

五、本年鉴所收录的资料，主要由中国海关管理干部学院各部门编写提供，编辑部汇集编撰、核校，并经有关领导审核。年鉴条目作者不随条目署名，采用各部门单位以分目为单位集中署名方式。

海关专题图片

领导活动

^ 2022 年 9 月 26 日，时任海关总署党委委员、政治部主任许大纯莅临学院调研指导工作

^ 2022 年 9 月 27 日，时任海关总署党委委员、政治部主任许大纯视察初任培训工作

^ 2022 年 9 月 27 日，时任海关总署政治部主任、党委委员许大纯观看初任培训班展板

^ 2022 年 9 月 27 日，时任海关总署政治部主任、党委委员许大纯出席初任培训班结业仪式

目　录

第五篇　教育培训科研

第六篇　中国海关防辐射探测培训中心（海关总署监管技术研究中心）建设

第七篇　对外合作交流

第八篇　综合保障

第九篇　荣誉·名录

附　录

“中国海关史料丛书”编委会

第一篇

特载

中国海关管理干部学院概况

中国海关管理干部学院是海关总署（简称“总署”）直属的厅局级事业单位（公益二类），主要职责包括：受总署委托开展习近平新时代中国特色社会主义思想教育培训、党的基本理论教育培训、党性教育培训、专业化能力培训和知识培训，突出专业化能力培训；承接海关基础理论研究，业务改革热点难点问题、海关干部教育培训规律相关研究课题；参与海关系统教材的编写审定工作，协助进行题库建设等工作；承担“海关总署监管技术研究中心”工作；承担“中国海关防辐射探测培训中心”工作；开拓学院对外交流和合作渠道，开展学术交流、国际交流合作等。

海关总署监管技术研究中心和中国海关防辐射探测培训中心设在中国海关管理干部学院。海关总署监管技术研究中心设立于2004年，由原海关总署秦皇岛培训学校管理，业务上接受总署监管司指导。中国海关防辐射探测培训中心设立于2012年，主要职责是加强中国海关对核及放射性材料的探测和识别能力，推动中美双方在打击恐怖主义方面的合作。

中国海关管理干部学院事业编制150名。设院长、党委书记1名，副院长4名、党委副书记1名、纪委书记1名，内设9个机构，分别为办公室、人事政工处（党委办公室、离退休干部办公室）、监察室、教育培训处、海关监管技术研究处、海关防辐射探测培训处、科技信息处、财务资产处、后勤保障处，内设机构正职9名、机构副职16名。截至2022年12月31日，中国海关管理干部学院在编员工73人，院领导4人（院长、党委书记1人，副院长、党委委员2人，纪委书记、党委委员1人），内设机构正副职23人，管理岗位人员11人，专业技术岗位人员31人，工人4人。

2022年，中国海关管理干部学院以政治建设为统领，压紧压实管党治党责任。牢牢把握学院工作政治属性，严格落实“第一议题”制度。制订《学习宣传贯彻党的二十大精神工作方案》等5个子方案，开展学习活动40余次。统筹推进“学查改”专项工作与政治机关建设专项教育活动。精准规范开展问责，对学院审计自查发现的风险问题等相关责任人员进行通报批评、谈话提醒11次。完成“海关重点项目和财物管理以权谋私”专项整治督导检查及整改工作，核查梳理出重点领域中的重点项目37项，制定整改措施50项155条，完成整改。

聚焦主责主业，教育培训工作稳步推进。把学习习近平新时代中国特色社会主义思想作为首要政治任务贯穿培训始终，理论教育和党性教育的比重不低于总课时的70%。全年累计办班92期，培训学员16371人次。首次承办全国海关厅局级“一把手”培训班、署管干部培训班，完成初任培训任务。狠抓学科专业建设，撰写学科专业综述，制订学科专业发展规划。成立中国特色社会主义理论体系研究中心等3个研究中心。“国际贸易安全与便利化技术应用国际联合研究中心”被认定为2023年度河北省国际科技合作基地。成功竞标中国银行秦皇岛分行2022年综合类培训项目，拓宽培训资源。

突出海关特色，产学研服务能力不断增强。学院获批国际原子能机构（IAEA）协调研究项目国家级课题1项，署级课题8项，司局级课题8项，横向课题2项，获得经费支持87.4万元。完成《海关监管实务与研究》编辑、《口岸监管部门查获典型案例简报》编写工作。受贵阳综合保税区的委托，开展设立海关指定监管场地的可行性研究，承担《苏州工业园区公平贸易信息月报》编制工作。筹备海关监管技术发展论坛和设备展，与中国报关协会联合成功举办2022年出口管制合规论坛，与上海市法学会海关法研究会联合成功举办第15届海关法论坛和国际关贸合规沙龙。设立海关监管技术设备研发检测实验室，首次承担总署行业标准制定，起草《海关门户式辐射探测设备现场校验技术规范》并获总署批准立项。启动开展实验室CMA（中国计量认证）资质申报工作，采购检测设备设施，研制智能检测小车，开展门户式辐射探测设备现场校验服务。承办“中国反走私大讲堂”，完成《全国海关缉私警察北方实训基地建设需求论证报告》。

坚持开放办学，对外合作交流取得新的突破。先后与69家国内外机构组织建立合作联系，其中院校12家、海关和行业50家、国际组织7家。与对外经济贸易大学、燕山大学等签订合作协议，与秦皇岛市政府建立院地协调联动工作机制，与秦皇岛市长城博物馆合作打造红色教育培训基地。与荷兰王国海关局签署合作协议，这是学院首次与国外海关签署合作协议。学院教师研究成果第一次被世界海关组织海关学术研究与发展伙伴关系（PICARD）大会收录，并受邀参加PICARD大会作学术报告。

围绕建强“三支队伍”，队伍建设不断加强。选优配强干部队伍，选拔任用正处级干部1名，岗位交流副处级干部5名。出台学历进修、国内外访学等4项制度，加大人才引进培养力度。聘任6名学科专业带头人，明确44名教职工学科专业归属。成立专业技术职务聘任委员会，规范职称评审、聘任工作，推荐8人参加职称评审，聘任9人晋升岗位等级。公开招聘教师2名。

加强基础工作，综合保障能力全面提升。全面统筹疫情防控工作，开展紧急排查15次、自查5次、应急演练2次、接受总署督导检查2次，有效处理疫情突发事件。制订《完善治理体系提升治理能力工作方案》，深入贯彻“党的领导、依法治校、专家治学、民主管理、纪律严明”治理结构，通过“立、留、改、废”专项工作梳理规章制度237条，健全完善规章制度。制订“十四五”校园文化建设方案，凝练核心价值理念，更新宣传片、宣传册，构建浓厚文化氛围。启动校志编写工作，挖掘传承学院历史文化。完成北京冬奥会、冬残奥会，两会和党的二十大期间网络安全保障工作。建设网络直播教室，推进国产化替代，加强学科专业文献资源建设。强化预算管理，全年预算支出 3853. 65 万元，比 2021 年减少 1246. 82 万元，同比下降 24. 45%。海关总署监管技术研究中心项目建设基本完工。

撰稿人

单婷婷

在中国海关管理干部学院2022年工作会议上的讲话

中国海关管理干部学院院长、党委书记　陈晖

（2022年3月9日）

这次会议的主要任务是：以习近平新时代中国特色社会主义思想为指导，深入贯彻党的十九大和十九届历次全会精神，捍卫“两个确立”，增强“四个意识”、坚定“四个自信”、做到“两个维护”，认真落实2022年全国海关工作会议和全国海关全面从严治党工作会议精神，总结工作、分析形势，研究安排2022年工作。

▲2022年3月9日，学院召开全体教职工大会暨工会会员大会

下面，我讲三点意见。

一、2021年工作回顾

2021年是“十四五”开局之年，学院全体教职工在总署党委的坚强领导下，坚持以习近平新时代中国特色社会主义思想为指导，以“五关”建设为统领，严格落实倪岳峰署长、胡伟副署长来院讲话要求，建立“1341”工作模式，编制“十四五”事业发展规划，全力做好常态化疫情防控形势下教育培训工作，不断拓宽发展渠道，各项工作取得一定突破，为“十四五”时期学院实现高质量发展打下坚实基础。

（一）政治建院进一步突显

持续深入学习习近平新时代中国特色社会主义思想和党的十九届五中、六中全会精神，坚持把习近平新时代中国特色社会主义思想作为培训的重中之重。把学习领会、贯彻落实习近平总书记重要指示批示精神作为党委会、形势分析及工作督查例会“第一议题”，全年组织学习研究各类讲话、文件32次，共78篇。确立了“1341”工作模式，进一步加强各部门协同配合，推动党建、业务深度融合。接受总署党委政治巡视，86项立行立改整改措施已全部整改到位，2项中长期整改任务提前完成。

接受总署审计工作“回头看”，按照要求完成审计整改各项工作，推动巡视、审计整改落地见效。切实担负起内部疫情防控主体责任，做到教职员工、参训学员“零感染”。

（二）教育培训服务能力稳步提升

克服疫情持续不利影响，严格落实常态化疫情防控形势下各项规定，全面做好线上、线下培训工作。完成线上、线下培训班共55期，培训14112人次。加强海关干部教育培训阵地建设，引进中央党校优质课程15门，学院自主开发“追寻习近平总书记的读书之路，做忠诚干净担当的好干部”“习近平法治思想”课程2门。对标海关需求，结合学院实际，着力打造马克思主义理论、国家安全学、法学3个一级学科和6个专业方向，完成学科、专业带头人遴选及聘任工作。成立教学委员会及新一届学术委员会，进一步发挥专家治校重要作用。参与总署开展的关于党的十九大以来海关优秀教学成果评选，荣获特等奖2项、一等奖1项、二等奖3项，占全国海关总获奖数的1/5,充分检验了学院精品课、教学研究成果和教学管理成果质量。

（三）海关总署监管技术研究中心（中国海关防辐射探测培训中心）作用进一步发挥

首次承担大型集装箱检查设备、CT设备、X光机和毫米波人体检查设备四类重点监管装备的海关行业标准编制工作，推动学院编制的海关监管装备标准成为行业标准。建立海关监管技术设备研发检测实验室，主动开拓产学研合作渠道。承担世界海关组织首次在中国海关举办的“战略贸易商品管制执法培训班”。与国际原子能机构（IAEA）签署协议，指定中国海关辐射探测培训中心为“IAEA核安保一线官员能力建设协作中心”，成为全球第一个设立在成员方海关部门的IAEA协作中心。成立全国反走私与综合治理调查研究中心秦皇岛分中心（简称“全调中心秦皇岛分中心”）。

（四）凝聚发展共识，创新发展理念，发展渠道进一步拓宽

开展教育培训思想大讨论系列论坛和专题调研，编制“十四五”事业发展规划，在全院范围内凝聚发展共识、汇聚发展合力。建立不占编制的网络教育培训中心、国际合作交流与教育培训中心、海关监管技术设备研发检测实验室、全调中心秦皇岛分中心，成立学院教育培训工作领导小组，统筹协调、整合学院教育培训资源。与燕山大学、中国检验检疫科学研究院等院校及行业龙头企业签订合作备忘录，进一步融入企业、行业生态圈；加入中国高等教育学会引进国外智力工作分会、参加PICARD年会，不断提升学院在国际海关的参与度、影响力；积极与上海海关学院、江苏检验检疫质量研究中心等单位沟通联系，探索合作承接援外培训项目；总署已正式批准学院与荷兰海关签订双方合作协议，学院不断提升与国际海关合作交流程度，学院“三个生态圈”已初步构建。

（五）科研工作开拓新局面

修订《学院科研项目经费管理办法》，完善科研课题申报、开发经费使用，进一步规范科研工作管理。创新院刊办刊形式，突出特色，扩大影响。加强科研平台搭建，与总署教培中心联合举办“开展构筑完善提升海关干部教育培训体系征文”活动，扩大了院刊影响力。年内，学院立项省级课题5项，市级课题14项，院级课题17项。结项课题中有5项获

得秦皇岛市第十届社会科学成果奖。

（六）干部人事工作全面加强

制定《中国海关管理干部学院建设高素质专业化干部队伍实施意见（试行）》，组织开展5名正处级干部岗位交流，选拔任用6名副处级干部，接收军转干部2名，公开招聘青年教师2名，干部队伍结构进一步优化。不断加大人才队伍培养力度，出台学院高层次人才引进政策，鼓励教职工外出实践锻炼、攻读硕博士学位、开展交流访学，完善专业技术岗位评聘体系，年内1名教师取得副高级职称，3名教师取得中级职称，14名专业技术人才聘任到新的岗位等级。建设学院荣誉体系，将荣誉激励贯穿于教职工职业生涯发展全过程及重要节点。工会获得秦皇岛市“模范职工之家”“秦皇岛市职工书屋”荣誉称号，团总支（青联）获得秦皇岛市“五四红旗团委”荣誉称号。做好离退休服务保障，传递学院的关心和温暖。

（七）综合保障水平稳步提高

科技信息保障能力不断提升，智慧校园1.0优化改造，准备启动智慧校园2.0建设。不断丰富图书馆藏结构，着力打造跨境核安全特色图书馆藏体系。强化财务及预算执行管理，坚持开源节流，重点做好北戴河新区项目资金保障，除基建项目预算外，预算执行率达100%。海关总署监管技术研究中心项目建设顺利推进。开展学院东校区建筑物安全性检测和抗震性检测，制定建筑加固项目可行性研究报告，向总署申请加固资金。

（八）党建工作质量持续提升

强化理论武装，充分发挥党委理论学习中心组领学促学作用，着力提高集体学习研讨质量效果，组织开展中心组学习6次。扎实开展党史学习教育和庆祝中国共产党成立100周年系列活动，在“我为群众办实事”实践活动中，10项重点民生项目全部予以落实。以处室为单位设置党支部，在支部推行“1341”工作模式，着力破解“两张皮”问题，将“第一议题”制度向党支部层面延伸。加大党支部品牌创建力度，学院教育培训处党支部复核为全国海关基层党建示范品牌，海关监管技术研究处党支部复核为全国海关基层党建培育品牌。加强党建督导检查，年内分别组织党史学习教育、年终党建述职汇报会，以内容具体化、问题清单化、效果最大化促进党建工作标准化规范化，推动学院基层党建工作质量全面提升。

（九）全面从严治党不断深入

妥善用好问责利器，精准规范开展问责，对巡视、选人用人及部分审计问题15名相关责任人员进行通报批评、谈话提醒。组织学习总署党委、驻署纪检监察组关于加强对“一把手”和领导班子监督工作的有关文件精神，结合学院自身特点，制定落实措施。结合《学院廉政风险点及监督制约措施》，召开党风廉政建设工作例会，听取公开招录、基建和采购工作等3个岗位的廉政风险点及监督制约措施落实情况，对照风险点全面开展自查，进一步规范非执法领域风险岗位工作流程。通过开展廉政警示教育、节假日前及时发布廉政提醒等方式，始终纠治“四风”问题不放手。

同志们，过去一年取得的成绩，是总署党委正确领导的结果，是各有关方面大力支持的结果，也是全体教职员工锐意进取、艰苦奋斗的结果。在此，我代表学院党委向全体教职员工表示衷心的感谢。在肯定成绩的同时，我们也要清醒认识到当前存在的问题和不足：一是政治院校建设内涵外延还不够清晰，一流政治院校建设任重道远；二是培训规模不稳定，学院收入来源单一，严重制约学院生存、发展；三是学科专业建设有待进一步加强，离高水平教育培训质量有一定差距；四是开拓创新能力和拼搏进取精神不足，解危脱困能力欠缺等。这些问题都需要我们明确使命、责任，在下一步工作中推动学院实现高质量发展。

二、当前形势和任务

倪岳峰署长在年初海关工作会议上指出，要改进教育培训方式方法，优化学时学分考核，坚持分级分类精准施训，增强教育培训实效；提高院校办学水平。倪署长讲话为学院教育培训改革创新指明了方向，也为学院发展提供了良好契机。相较过去，2022年对学院而言更加充满了挑战。如何在2022年扭转2020年培训下挫和2021年的再次下行局势，保学院生存，按照“十四五”规划的蓝图实现高质量发展，需要我们每一个人认真思考、百般努力。

（一）必须旗帜鲜明讲政治，坚定不移忠诚捍卫“两个确立”，坚决做到“两个维护”

党的十九届六中全会强调，党确立习近平同志党中央的核心、全党的核心地位，确立习近平新时代中国特色社会主义思想的指导地位，反映了全党全军全国各族人民的共同心愿，对新时代党和国家事业发展、对推进中华民族伟大复兴历史进程具有决定性意义。“两个确立”是党的十八大以来最重要政治成果。

海关是政治机关，是准军事化纪律部队，必须旗帜鲜明讲政治，大力加强政治机关建设，不断提高政治判断力、政治领悟力、政治执行力。倪署长在2020年来院调研时对学院的要求中提到：要始终保持正确的政治方向，坚持干部教育培训“姓党”的根本原则，一切教学活动、一切科研活动、一切办学活动都坚持党性原则、遵循党的政治路线，把提高政治觉悟、政治能力贯穿干部教育培训全过程，通过干部教育培训，增强海关系统干部队伍贯彻落实党中央、国务院各项决策部署的能力。作为海关系统政治院校，要坚决维护习近平同志党中央的核心、全党的核心地位，深刻把握“两个确立”的决定性意义，始终将“两个维护”作为最高政治原则和根本政治规矩，忠诚核心、拥护核心、跟随核心、捍卫核心，始终在思想上政治上行动上同以习近平同志为核心的党中央保持高度一致。要把学习贯彻习近平新时代中国特色社会主义思想贯穿于教育培训全过程，多形式、多角度保证习近平新时代中国特色社会主义思想系统权威进教材、生动有效进课堂、刻骨铭心进头脑。要着力形成从政治层面强化业务工作的自觉，增强政治意识和政治敏锐性、政治判断力，善于从政治和大局高度审视学院工作，经常思考业务工作背后的政治涵义，实现政治效果和业务效果相统一。

（二）坚持系统观念，持续推动教育培训改革创新

习近平总书记指出，党的十八大以来，党中央坚持系统谋划、统筹推进党和国家各项事业，根据新的实践需要，形成一系列新布局和新方略，带领全党全国各族人民取得了历史性成就。在这个过程中，系统观念是具有基础性的思想和工作方法。

2022年，进入“十四五”规划全面贯彻落实阶段，我们必须坚持系统思维，在统筹持

续推动教育培训改革创新过程中加强前瞻性思考、全局性谋划，准确把握干部教育培训的自身发展特点，遵循干部教育培训自身特有规律，制定科学的策略，统筹协调推进组织实施，全面提升教育培训工作。要聚焦海关专业能力建设，抓好培训内容创新。以学科专业建设为支撑，推动学院课程开发及科研能力提升，进一步实现产学研一体化，在培训内容上提高针对性、精准性、有效性。要聚焦“内涵式”发展，抓好培训形式创新。综合运用课程讲授、现场教学、实训、案例分析、体验式、沉浸式等方式，运用科技手段统筹线上、线下培训，不断丰富培训形式，促进“内涵式”发展。要聚焦教育培训质量，抓好培训资源利用创新。对标一流干部学院，开展教学质量评估，不断整合利用教育培训资源，拓宽教育培训渠道，培育新的增长点。

（三）心怀“国之大者”，提升学院对海关的贡献度

习近平总书记指出，心怀“国之大者”要立足中华民族伟大复兴战略全局和世界百年未有之大变局，努力增强总揽全局的能力，放眼全局谋一域，把握形势谋大事，胸怀大局，把握大势，在把握战略全局中推进各项工作。

当前，时代之变和疫情相互叠加，立足海关改革发展大局，统筹发展和安全，强化监管优化服务，更好发挥国内国际双循环“交汇枢纽”作用，围绕高质量共建“一带一路”，推动更大范围、更宽领域、更深层次对外开放，对海关工作提出了更高的要求和更严峻的挑战。作为海关一员，尽管面临诸多生存考验，我们仍要心怀“国之大者”，立足全局，把握大势，服务海关改革发展。要服务海关强化监管优化服务，充分发挥海关总署监管技术研究中心和全调中心秦皇岛分中心作用，加强监管理论和技术研究，打造海关缉私及反走私综合治理研究平台；要在服务海关构建高水平对外开放格局中发挥作用，加强学院国际合作交流与教育培训工作，深化与国际原子能机构及荷兰海关在教育培训及科研工作方面的进一步合作，积极推进“三智”合作重点项目，围绕服务“一带一路”建设，积极申请和落实援外培训项目，进一步搭建学院高水平对外开放格局；要服务海关智库建设，积极参与总署课题研究和标准制定，推动学院制定标准成为行业标准。

同志们，2022年将召开党的二十大，这是党和国家政治生活中的一件大事，2022年学院也面临前所未有的挑战，需要全院上下共克时艰，以担当作为开辟新局。面对新形势新任务，院党委研究认为，2022年学院工作的总体要求是：以习近平新时代中国特色社会主义思想为指导，深入贯彻党的十九大和十九届历次全会精神，认真落实全国海关工作会议、全国海关全面从严治党工作会议精神，弘扬伟大建党精神，深入学习领会“两个确立”的决定性意义，不断增强“四个意识”、坚定“四个自信”、做到“两个维护”，坚持系统思维，心怀“国之大者”，不断推进教育培训改革创新和提高教育培训质量，搭建高水平对外开放平台，提升学院服务海关能力，以建设具有海关特色、国际先进、国内一流的干部学院为目标，以学院“十四五”规划落实为抓手，马上就办、真抓实干、锲而不舍、一以贯之，以优异成绩迎接党的二十大胜利召开。

三、高质量做好2022年工作

（一）持续强化政治机关建设

深入学习贯彻习近平新时代中国特色社会主义思想。不折不扣落实习近平总书记重要指示批示精神，落实“第一议题”制度。全面加强党的领导，落实意识形态等领域工作责任制，严格执行“三重一大”事项集体决策制度。坚持把习近平新时代中国特色社会主义思想作为培训的重中之重，将其作为学院办学的根本遵循，在制订教学计划时重点部署、设计教学项目时重点安排、配置教学资源时重点保障。

扎实开展好强化政治机关建设专项教育活动。结合学院实际扎实开展好捍卫“两个确立”、做到“两个维护”、强化政治机关建设专项教育活动，进一步深化对一流政治院校内涵和外延的认识，提炼标准，重点研究将专项教育活动融入教育培训课堂、融入教育培训全过程，开展专题讨论、形成专题简报，推动全体党员树牢政治机关意识，把党对各项工作的绝对领导贯彻落实到各方面、全过程。

深入推进党史学习教育常态化长效化。开展学习党的十九届六中全会精神处级及以上领导干部全员轮训和党员干部系统培训，做好迎接党的二十大宣传引导和党的二十大精神学习贯彻。以党建专业为支撑，将党史、海关史研究相结合，推动学院校志、年鉴编写，培育课堂、现场教学课程，不断形成研究成果，进一步深化党史学习教育常态化长效化。

深入开展“海关重点项目和财物管理以权谋私”专项整治工作。聚焦工程建设、信息化建设、实验室建设、装备购建、疫情防控保障等政策支持力度大、资金密集、资源集中的领域和环节，着力解决重点项目和财物管理领域以权谋私、暗箱操作、侵占国家资财等问题，提升学院治理体系和治理能力现代化水平，为建设海关特色、国际先进、国内一流干部学院提供政治保障。

严而又严做好疫情防控工作。深入贯彻落实习近平总书记关于疫情防控的重要指示批示精神，充分认识当前国际复杂的疫情形势和疫情防控面临的新变化、新压力，提高政治站位、坚持底线思维，压实各方责任、完善工作机制，从严从紧从细从实，做好内部防控工作。

（二）持续深化教育培训改革创新

积极培育培训增长点。制订教育培训发展规划。充分发挥学院教育培训工作领导小组作用，协调学院3个教学部门和4个中心关系，统筹线上、线下教育培训资源，争取秦皇岛市地方培训资源。积极推动申报援外培训承办资格，与江苏检验检疫质量研究中心、上海海关学院合作共同申报援外培训项目。继续深入研究成人教育，申请相关政策，努力拓展学院办学渠道。

进一步加强学科专业建设，提升科研能力。制定学科专业发展规划，充分发挥学科专业引领作用。召开科研工作会议，制定“十四五”科研工作规划，不断提升学院科研能力及科研成果质量。成立新时代中国特色社会主义理论研究中心、党建研究中心、海关法研究中心、海关与国家安全研究中心，推动学院教育培训及研究成果相互转化。

开展学院培训质量评估。以办学质量为核心，对标一流干部学院标准，成立教学质量评估工作专班，制订教学评估工作方案，着手开展自我评估，分步实施，进而引入第三方评价机制，以教学质量评估为抓手提升教学质量。

（三）积极发挥海关总署监管技术研究中心（中国海关防辐射探测培训中心）作用

加强海关总署监管技术研究中心建设。加强海关监管理论和技术、跨境核安全领域研究，提升海关关员跨境监管能力，积极参与各类标准、规则制定，推动学院制定的标准成为行业标准。加快海关监管技术设备研发检测实验室建设，完成学院产学研一体化平台搭建，起草技术规范，启动 CMA 资质申请，开展设备检测，推动学院实验室申请成为世界海关组织地区实验室，通过产学研一体化提升学院服务海关、服务社会能力。制定国家安全学学科发展规划，做好 2 项署级课题研究和横向课题研究，继续完善培训课程体系 9 个工作方案。

进一步发挥全调中心秦皇岛分中心作用。开展缉私领域实训及课题研究工作，继续承办好“中国反走私大讲堂”，充分发挥分中心在海关法律修订、反走私理论园地、反走私宣传阵地、缉私警察实训基地建设中的重要作用，提升学院在海关维护国门安全、智库建设的贡献度，形成海关缉私领域教学科研相互促进、同步提升的良好局面。贯彻落实署领导批示精神，根据公安部对厅局级公安机关必须建立实训基地的要求，抓住缉私警察即将开展“三定”工作有利时机，与总署缉私局共同争取在学院设立全国海关缉私警察实训基地。

搭建促进高水平对外开放平台。起草“十四五”国际交流合作工作方案，指导学院国际交流合作工作。推动与荷兰海关建立合作机制，开展合作交流。充分发挥国际原子能机构核安保一线官员协作中心重要作用，进一步加强与国际原子能机构在课题研究等方面的沟通联系。发挥主场优势，于中国海关防辐射探测培训中心挂牌成立 10 周年之际举办中国海关监管发展论坛，提升学院影响力。积极推进“三智”合作重点项目，在总署高质量共建“一带一路”过程中贡献学院方案和智慧。服务秦皇岛一流旅游城市建设，举办数字经济、数字海关论坛，进一步融入地方经济发展，增强学院属地影响力。

（四）不断提升综合保障水平

推动提升治理体系和治理能力现代化水平。起草学院章程和治理体系、治理能力完善工作方案，不断优化学院治理体系，提升治理能力。成立校友会，为校友终身发展服务，团结校友共商学院发展大计，共同传承学院历史文化。

提高办文办会办事水平。加强办公效能建设，落实精文简会要求，开展规范公文办理专项培训，提升公文办理质效。对标总署信息宣传工作排名指标体系及总署关注重点，聚焦宣传党建及教育培训中心工作，提升信息宣传工作水平。完成分级保护现场测评工作。严肃认真做好值班应急、机要保密、档案管理、政务公开和信访工作，严厉杜绝失泄密事件发生。

提高督察审计水平。制订 2022 年学院内部审计专项工作方案，深入推进审计发现问题整改，剖析根源，举一反三，完善制度措施、堵塞漏洞。强化底板意识，全面梳理学院风险领域、风险点，制定监督制约措施。引入第三方审计，对学院非执法领域如科研经费、财物管理、后勤保障、采购、基建项目经费等开展内部专项审计。探索开展处级领导干部离任经济责任审计，建立纵向到底、横向到边的网格化督察审计工作机制。

提升科技信息保障能力。加强科技创新应用，推进智慧校园2.0建设立项工作，统筹考虑北戴河校区建成后信息化建设。强化网络和信息系统运维管理，健全网络和数据安全防护体系。推进网络直播教室建设工作，为不断扩大的线上培训规模做好技术设备保障工作。加强与上海海关学院图书馆交流合作，明确合作机制。调整馆藏布局，设立学科专业藏书独立区域，加强学科专业文献资源建设。

提高财务资产及后勤保障管理水平。理清学院财务底账，积极争取和落实总署财务司资金支持。制订学院开源节流及理财方案，落实总署“过紧日子”各项要求。启动固定资产管理信息化工作，提升固定资产管理质效。高标准做好海关总署监管技术研究中心项目建设，如期竣工并积极开展二次提升。推进学院初任培训实训综合楼相关工作，完成学院东院四栋建筑物的加固工作。全面排查、防范风险，针对食品、火灾、卫生、楼宇等建立风险排查机制和档案。开展岗位练兵和技能比武。成立工作专班，推进公车改革工作。

（五）加强教职工队伍建设

加强教师队伍建设。加强对专职教师的培养力度，完善专业技术岗位聘任管理、教育培训。加大力度鼓励、支持新课程开发，推动青年教师上讲台。做好高层次人才引进工作，出台人才队伍建设配套制度。做好学科专业带头人双聘工作，优化教师队伍层次结构，为学科专业建设打好人才队伍基础。

建设高素质专业化干部队伍。做好副处级领导干部岗位交流，加强对年轻干部的培养力度，有计划选派优秀年轻干部参加更多工作。认真落实干部监督管理各项规定。

加强与海关的交流互动。贯彻实施教师赴海关学习调研、实践锻炼制度，安排教师赴海关实习，通过跟班作业，参与到实际工作当中去，进一步加强对海关的了解，推动海关与学院之间的双向互动。

进一步完善绩效考核办法。采取定性与定量相结合方式，进一步优化评估指标，调整奖励绩效分配结构，加大考核等次，开展精准考核，充分发挥绩效考核“指挥棒”作用。争取地方奖励政策，逐步提高教职工收入水平。

做好人事管理及保障工作。关注教职员工身心健康。做好合同制员工管理与服务，用心用情、精准服务做好老干部工作。召开教职工大会暨工会会员大会，进一步优化“党的领导、专家治学、民主管理”治理体系。加强青年理论学习，进一步发挥团总支（青联）团结青年同志的重要作用。

（六）深入推进全面从严治党

持续深化“强基提质工程”。进一步推动“第一议题”向基层党支部延伸，深入破解“两张皮”现象，推动党建业务深度融合。结合总署党建工作专题评估，巩固拓展基层党建工作成果。优化和用好“智慧党建”系统，实施党务干部能力提升工程。加强支部品牌创建力度，做好总署党建品牌复核工作和秦皇岛市党建品牌创建。大力开展精神文明创建活动，深入挖掘选树先进典型，扎实做好思想政治宣传工作。加强队伍规范化管理，锻造政治坚定、业务精通、令行禁止、担当奉献的准军事化纪律部队。制订“十四五”校园文化建设工作方案，加强校园文化建设，挖掘学院历史文化符号，营造浓厚的学院特色文化氛围。

坚定不移推动党风廉政建设和反腐败斗争。紧盯“关键少数”特别是“一把手”和领导班子，严肃惩治利用影响力或职权谋私贪腐等问题。常态化学习党章党规党纪和法律法规，持续开展警示教育月活动，使党员干部知敬畏、存戒惧、守底线。加强廉洁文化建设，从严从实加强年轻干部教育管理监督，深入推进家教家风建设，讲好新时代清廉学院故事。严格贯彻落实中央八项规定精神，加大力度持续整治形式主义、官僚主义。

持续推进巡视、审计整改工作。深化巡视、审计整改和成果运用，完善整改监督工作机制，强化日常监督和专责监督，进一步压紧压实整改责任。健全完善整改常态化、长效化机制，持续督办中长期整改任务，紧盯不放、举一反三，确保“不贰过”。

同志们，初心如磐，使命在肩。2022 年，学院将紧密团结在以习近平同志为核心的党中央周围，捍卫“两个确立”，增强“四个意识”、坚定“四个自信”、做到“两个维护”，改革创新、主动作为，加快建设具有海关特色、国际先进、国内一流的干部学院，以优异成绩迎接党的二十大胜利召开。

在 2022 年全面从严治党工作会议上的讲话

中国海关管理干部学院党委书记、院长　陈晖

（2022 年 4 月 2 日）

这次会议的主要任务是：坚持以习近平新时代中国特色社会主义思想为指导，深入学习贯彻党的十九大和十九届历次全会精神，总结党史学习教育成果，认真落实 2022 年全国海关工作会议和全国海关全面从严治党工作会议要求，回顾 2021 年学院党委工作，部署 2022 年任务。

▲2022 年 4 月 2 日，学院召开党史学习教育总结大会暨全面从严治党工作会议

下面，我讲三点意见。

一、2021 年工作回顾

2021 年是中国共产党成立 100 周年，也是“十四五”开局之年。学院党委坚持以习近平新时代中国特色社会主义思想为指导，贯彻落实总署党委关于全面从严治党部署要求，全力推进管党治党各项任务落实落地，各项工作取得新成效。以下从五个方面进行工作回顾。

（一）政治院校建设进一步加强

认真贯彻落实倪岳峰署长 2020 年 10 月来院视察时的要求，突出政治建校，压实管党治党政治责任。深入学习贯彻党的十九届六中全会精神，第一时间组织召开党委会议、中心组学习，制定学院学习贯彻落实措施，深刻认识“两个确立”的决定意义，增强“四个意识”、坚定“四个自信”、做到“两个维护”。扎实开展党史学习教育，学深悟透习近平新时代中国特色社会主义思想，做好庆祝中国共产党成立 100 周年各项工作，务实推进“我为群众办实事”实践活动。严格落实“第一议题”制度，确保党中央决策部署及总署要求第一时间在学院传达学习、落地见效。将学习贯彻习近平新时代中国特色社会主义思想作为教育培训首要任务，引进中央党校优质课程 15 门，自主开发课程 2 门，开设党史学习微课堂特色教

学活动。落实意识形态工作责任制，组织召开宣传工作会议，制定学院党委《关于进一步加强宣传工作的意见》，严格管控各类意识形态阵地。接受总署巡视、审计，按要求完成各项整改工作。

（二）全面从严治党主体责任进一步压实

学院党委层层明晰、逐级压实全面从严治党主体责任。建立“1341”工作模式，加强党对学院各项工作的全面领导。修订学院《党委会议事规则》《党委领导下的院长负责制实施细则》《贯彻落实“三重一大”决策制度实施办法》等制度文件，进一步完善党委工作机制。重新规划支部设置，以处室为单位设立党支部，在支部推行“1341”工作模式，着力破解“两张皮”问题，将“第一议题”制度向党支部层面延伸。强化党建督导检查，下发《党支部工作指引》，组织召开基层党支部总结汇报会，推动学院基层党建工作质量提升。严肃开展责任分析和问责工作，对巡视、审计发现问题相关责任人进行通报批评、谈话提醒。

（三）作风纪律进一步向好

做好对“一把手”的监督，组织学习总署党委、驻署纪检组关于加强对“一把手”和领导班子监督工作的有关文件精神，结合学院自身特点，制定落实措施。学院党委、行政“一把手”和领导班子主动开展监督、自觉接受监督，以有效监督为学院高质量发展提供坚强保障。严格落实中央八项规定及其实施细则精神，深化纠治形式主义、官僚主义，制定《落实总署党委“深入治理违反中央八项规定精神突出问题 进一步推进清廉海关建设的若干措施”工作分解表》。落实公务用车公示及使用审批制度，规范公务用车管理。深化准军事化纪律部队建设，扎实开展纪律作风学习教育、队列训练、内务督察，严格考勤登记，发布督察通报，强化督促提高。

（四）队伍建设工作质量进一步提升

学院党委坚持从严选拔监督管理，锻造高素质专业化的干部人才队伍。制定《学院建设高素质专业化干部队伍实施意见（试行）》，对5名正处级干部进行岗位交流，选拔任用6名副处级干部。完善专业技术岗位评聘体系，14名专业技术人才聘任到新的岗位等级。制定实施学院《荣誉体系建设管理办法》，组织召开“两优一先”表彰大会、教师节表彰大会，为5名老党员颁发“光荣在党50年”纪念章，67名教职工及退休人员颁发在院工作10年、20年、30年荣誉奖章，组织8名新提任中层领导干部进行宪法宣誓，为2名同志举行荣退仪式。坚持严管厚爱相结合，全面落实领导干部事项报告各项要求，开展处级及以上领导干部配偶、子女及其配偶从业情况抽查，修订完善教职工因私出国（境）管理制度，进一步加强日常监督。支持群团组织开展工作，组织妇女委员会选举，工会获得秦皇岛市“模范职工之家”“市级职工书屋”荣誉称号，团总支（青联）获得秦皇岛市“五四红旗团委”荣誉称号。

（五）拒腐防变思想防线进一步筑牢

学院党委坚持以廉政教育为抓手，将开展专题警示教育和日常提醒督促相结合，提升党员拒腐防变能力。组织参观长城博物馆、甲申史鉴馆、北戴河廉政培训基地等廉政教育基地，观看《正风反腐就在身边》廉政专题片，召开廉政警示教育研讨会，多维度开展警示教育。邀请秦皇岛市纪委专家讲授全国纪检监察机构查发的高校重点案例、结合党务工作培训讲授“第一种形态”在党支部的运用，促使教职工对表对标、多思多想，提升政治境界、思想境界、道德境界。在重要节日前发布廉政提醒，确保节假日期间风清气正、廉洁过节。

二、存在问题

在充分肯定成绩的同时，也要清醒地看到问题和不足。主要是四个方面问题：一是学院政治院校作用发挥还有待加强，政治机关意识没有根植于全体教职员工思想深处，部分同志政治站位不高，没有准确把握岗位工作蕴含的政治要求，在大局下思考、大局下行动还有差距，学院政治氛围还不够浓郁；二是落实“两个责任”还不够扎实，压力传导不够有力，有的制度执行还不到位，巡视、审计都发现了相关问题；三是基层党组织建设还有待提升，党建工作标准化、规范化水平还有较大差距，党务干部和党务工作者对一些基础性的规范掌握不牢；四是党风廉政建设意识，特别是习惯在监督下开展工作的意识还需要进一步加强。党风廉政教育方式方法还有待创新，以案说法、以案促改还要加强。这些问题都需要我们高度重视，在今后的工作中加以解决。

三、2022年主要任务

2022年学院党委工作的总体要求是：以习近平新时代中国特色社会主义思想为指导，全面贯彻党的十九大和十九届历次全会精神，落实全国海关工作会议、全面从严治党工作会议要求，大力弘扬伟大建党精神，坚持全面从严治党战略方针，坚持一流干部学院建设目标，深入学习领会“两个确立”的决定性意义，增强“四个意识”、坚定“四个自信”、做到“两个维护”，持续推动学院基层党建、干部人才队伍建设、清廉学院建设，为建设中国特色社会主义新海关提供坚强政治保障，以优异成绩迎接党的二十大胜利召开。重点做好以下四方面工作。

（一）捍卫“两个确立”、做到“两个维护”，在政治院校建设中落实一流干部学院建设目标

持续推动习近平新时代中国特色社会主义思想学习贯彻走深走实。始终坚持把学习领会、贯彻落实习近平总书记重要指示批示精神作为第一议题。深入推进党的十九届六中全会精神学习宣传贯彻，及时跟进学习习近平总书记最新重要讲话精神。坚持把学习贯彻习近平新时代中国特色社会主义思想作为干部教育培训的“第一课程”，结合学院学科专业建设，着力强化党的理论教育和党性教育，不断提升党的创新理论武装实效。

认真做好迎接宣传党的二十大各项工作。将推进党史学习教育常态化长效化与营造迎接宣传党的二十大浓厚氛围结合起来，持之以恒推进党史学习、教育、宣传。积极参与国家社科基金“中国海关史”项目研究，推动学院校志、年鉴编写工作。“七一”前后，围绕“走好第一方阵 我为二十大做贡献”，党委班子成员、党支部书记讲专题党课，各党支部组织开展主题党日活动。党的二十大召开后，制订学习宣传贯彻党的二十大精神实施方案，迅速兴起学习贯彻党的二十大精神热潮。

扎实开展捍卫“两个确立”、做到“两个维护”、强化政治机关建设专项教育活动。结合学院工作实际，统筹开展好“学习研讨、查

摆问题、改进提高”各项工作。组织教职员工聚焦工作岗位，把握好本岗位所蕴含的政治要求，制定具体化可操作的措施，切实把讲政治从外部要求转化为内在主动、有力举措，落实到学院工作各领域、全过程。重点研究将专项教育活动融入教育培训课堂，融入教育培训全过程，推动教职员工与参训学员树牢政治机关意识。

切实落实意识形态工作责任制。围绕党的二十大召开等重要时间节点，科学分析研判意识形态领域情况，旗帜鲜明反对和抵制各种错误观点，有效防范处置风险隐患。加强对院刊、网站、微信公众号、课堂等各类意识形态的阵地管理，严把正确政治方向。

（二）持续强基提质、深化品牌建设，推动学院基层党组织建设迈上新台阶

开展海关基层党建“双提升”行动。按照总署统一部署，在基层党组织中开展“强化政治功能，组织力凝聚力提升行动”，在党组织和党务干部中开展“强化政治意识，党建工作能力提升行动”。深入研究事业单位党建工作规律特点，明确党组织的职责权限、机构设置、运行机制、基层保障等重要事项，进一步规范党员教育监督管理有关事项。通过规范主题党日活动，定期开展党建活动，形成学院党建新特色。

深入开展党建品牌创建活动。针对2021年重新调整后的9个党支部开展党建品牌复核，对照合格支部、“四强”党支部标准，对党支部建设情况进行评估。按照有形象化的标识、有个性化的内涵、有具体化的活动、有制度化的推进、有显性化的成效“五有”标准，做好总署党建品牌复核工作和秦皇岛市党建品牌创建。

开展党务干部和党务工作者岗位练兵。推动党务干部加强理论学习、掌握制度规定、提高工作能力。开展党建工作专题培训，抓好党支部书记、支部委员学习培训。组织支部书记谈思路、讲体会、交流经验，促进相互学习、共同提高。做好“智慧党建”系统的应用培训，进一步推动党建工作规范化、标准化。

（三）强化人才选拔、优化队伍结构，打造信仰坚定、敢于担当的干部人才队伍

打造政治过硬的干部队伍。坚持新时期好干部标准，将政治标准放在首位，将政治素质考核贯穿于干部育选管用全过程各环节。选优配强各部门领导班子，推动干部岗位交流，盘活干部资源，不断增强干部队伍的战斗力凝聚力。加强对年轻干部的培养力度，有计划选派优秀年轻干部多岗位锻炼。进一步完善考核办法，采取定性与定量相结合方式，优化评估指标，开展精准考核，充分发挥考核“指挥棒”作用。

持续加强人才队伍建设。深入贯彻中央人才工作会议精神，落实《“十四五”海关人才发展规划》。做好高层次人才引进工作，出台人才队伍建设配套制度。做好学科专业带头人双聘工作，优化教师队伍层次结构，为学科专业建设打好人才队伍基础。加强对专职教师的培养力度，完善专业技术岗位聘任管理、教育培训。加大力度鼓励、支持新课程开发，推动青年教师上讲台。用好学院“三个生态圈”，培育具备产学研合作能力的高素质人才。

抓好纪律作风与服务保障工作。深化准军事化纪律部队建设，扎实开展“内务规范强化月”活动。持续抓好领导干部报告个人有关事项工作，规范领导干部配偶、子女及其配偶经商办企业行为。继续完善学院荣誉体系建设，激励教职员工担当作为。用心用情、精准服务做好老干部工作。吸纳合同制员工中的积极分子加入党组织。

深入推进精神文明建设和群团工作。大力开展精神文明创建活动，扎实做好思想政治宣传工作。发挥群团组织桥梁纽带作用，及时了解掌握教职员工思想动态和心理健康状况，有针对性地开展谈心谈话，做好解疑释惑、凝聚共识的工作。支持工会、共青团、妇委会、学会等群团组织建设，进一步优化学院治理结构。组织召开服务岗位技能大比武。

（四）持续正风肃纪、坚持高压反腐，不断推动全面从严治党向纵深发展

严格落实全面从严治党主体责任。坚持民主集中制，落实“三重一大”等事项研究决策制度。党委书记做到“四个亲自”，管好班子、带好队伍，严格自律、严负其责。班子成员认真落实“一岗双责”，把分管领域全面从严治党工作抓紧抓实、抓出成效。各部门负责人坚持抓业务与防风险同步推进，做好职责范围内全面从严治党、党风廉政建设工作，确保压力层层传导，责任落到实处。

深入开展“海关重点项目和财物管理以权谋私”专项整治工作。聚焦工程建设、信息化建设、实验室建设、装备购建、疫情防控保障等领域和环节，开展“海关重点项目和财物管理以权谋私”专项整治工作。着力解决重点项目和财物管理领域以权谋私、暗箱操作、侵占国家资财等问题，为实现建设一流干部学院目标筑牢底板。

坚定不移推动党风廉政建设。紧盯“关键少数”特别是“一把手”和领导班子，严肃惩治利用影响力或职权谋私贪腐等问题。严格落实中央八项规定及其实施细则精神，坚持不懈纠“四风”树新风。常态化学习党章党规党纪和法律法规，使党员干部知敬畏、存戒惧、守底线。加强廉洁文化建设，从严从实加强年轻干部教育管理监督，深入推进家教家风建设，讲好新时代清廉学院故事。

持续推进巡视、审计整改工作。深化巡视、审计整改和成果运用，完善整改监督工作机制，强化日常监督和专责监督，进一步压紧压实整改责任。健全完善整改常态化、长效化机制，持续督办中长期整改任务，紧盯不放、举一反三，确保“不贰过”。

同志们，习近平总书记指出，必须不断推进党的建设新的伟大工程，全面从严治党永远在路上。全体党员领导干部必须切实担负起管党治党政治责任，把严的主基调长期坚持下去，加快建设一流干部学院，以优异成绩迎接党的二十大胜利召开。

踔厉奋发　笃行不怠
坚定不移推进学院高质量发展

——在 2022 年度教师节庆祝大会上的讲话

中国海关管理干部学院院长、党委书记　陈晖

（2022 年 9 月 9 日）

金秋九月，今天我们在此欢聚，隆重庆祝第 38 个教师节。在此，我谨代表学院党委行政向辛勤工作在各个岗位上的广大教职员工致以最真挚的问候，对今天参加会议的离退休老同志表示热烈的欢迎，向被聘任到专业技术岗位的教师和荣获优秀教师、优秀教育工作者、优秀合同制职工的同志们表示祝贺，向全体教职工表示衷心的感谢，感谢你们立足岗位辛勤奉献，才有学院今天的蓬勃发展。

2022 年是党的二十大召开之年，也是“十四五”规划全面实施、承上启下的重要一年。2022 年以来，学院党委深入贯彻落实习近平总书记“疫情要防住、经济要稳住、发展要安全”的重要指示要求，严守疫情防控底线，深入拓展教育培训资源，进一步加强学科专业建设，加快产学研一体化进程，全面克服疫情带来的不利影响，于危机中育先机，于变局中开新局，各项工作取得了一定进展。

一是全力做好教育培训工作。首次承办全国海关厅局级“一把手”培训班和海关总署署管干部培训班，承办 4 期总署处级领导干部学习贯彻党的十九届六中全会精神专题培训班。主动联系直属海关承接培训，截至 7 月底，学院共完成海关系统内培训 34 期，培训 8468 人次。

▲2022 年 9 月 9 日，学院召开 2022 年度教师节庆祝大会

二是不断完善治理体系提升治理能力。制订《学院完善治理体系提升治理能力工作方案》，贯彻“党的领导、依法治校、专家治学、民主管理、纪律严明”治理结构，完善党的领

导下各项运行机制，开展制度及各类议事协调机构立、留、改、废专项工作，建立健全专家治学、民主监督、民主管理体制机制，强化纪律严明的准军作风，推动学院治理能力提升。

三是学科专业建设、科研工作进一步加强。持续推进学科专业建设，充分发挥学科、专业带头人重要作用，开展各学科专业脉络梳理、综述撰写等基础工作，搭建学科专业知识体系，不断推动学科专业建设及科研能力提升。科研工作不断推进，获批国家级课题立项1项，立项署级课题4项，市级课题3项，开展科研奖励工作，逐步提升学院教师科研积极性。

▲2022年9月9日，2022年度庆祝教师节大会上为新聘任职称人员颁发聘书

四是海关总署监管技术研究中心（中国海关防辐射探测培训中心）工作有序推进。学院海关防辐射探测培训处与中国原子能科学研究院核技术应用研究所联合申报的国际原子能机构全球协调研究项目正式获批立项，项目总经费4.5万欧元。9月6日，学院与中国报关协会联合举办、海港区委区政府参与承办2022年出口管制合规精英论坛，这是学院助力我国跨境贸易行业培养出口管制合规管理人才，促进跨境贸易企业提升出口管制合规管理水平的重要体现，进一步提升了学院对海关及相关行业的影响力和贡献度。

五是积极探索承接政府采购培训服务新模式。深入研究政府购买服务相关政策、法规，成功竞标中国银行秦皇岛分行2022年共计94万元综合类培训项目，拓宽了学院培训资源，也是学院主动转变思想、适应形势的一次开创性探索和有益实践。

六是对外合作交流不断取得新的突破。“三个生态圈”建设初具规模，先后和61个党校院校、海关行业、国际国外海关等单位建立了合作关系，充分挖掘属地和行业资源，开展培训。积极拓展涉外培训资源，向商务部申请援外培训承办单位资质，确定将由IAEA出资或与国际组织联合举办涉外培训10期。

七是继续推进北戴河新区海关总署监管技术研究中心项目建设。海关总署监管技术研究中心项目顺利推进，目前项目北区学员宿舍楼、教学用房、食堂三栋建筑物钢结构主体工程封顶。

八是队伍建设不断加强。公开招聘2名教师，教师队伍年龄结构和知识层次进一步优化。推荐8人参加高级职称的职称评审工作，新聘任副高级职称1人，新聘任3名中级职称人员，进一步提升了学院教师队伍专业素养。

九是校园文化建设逐步推进。成立校园文化建设工作专班，统筹老校区和新校区规划、建设和功能定位，制订“十四五”校园文化建设工作方案，总结、提炼学院核心价值理念，重新为学院楼宇、道路命名，构建学院浓厚文化氛围，也为学院发展明确了价值引领和精神内核。

十是全面从严治党向纵深推进。不断强化

政治建院，把学习领会、贯彻落实习近平总书记重要指示批示精神作为党委会、形势分析及工作督查例会“第一议题”。多形式、多角度扎实开展强化政治机关建设专项教育活动，全面推进党史学习教育常态化长效化。严肃认真开展“海关重点项目和财物管理以权谋私”专项整治工作，督导检查组检查、自查发现问题合计50项，针对问题学院制定整改措施共155项，现正在积极进行整改，并把专项整治整改工作作为学院完善治理体系提升治理能力的抓手。

同志们，众所周知，学院2022年面临严重的财政危机和生存考验，可即便在这样严峻的形势下我们仍然取得如此喜人的成绩，这离不开在座每一位教职员工的锐意进取，我代表学院党委行政再一次对大家的默默奉献表示衷心的感谢。

今天是我们共同欢庆我国第38个教师节，我想和大家谈谈我们当前工作需要做到几个坚持和不动摇。

一是明确道路和方向不动摇。习近平总书记在中国人民大学考察调研时强调：“要坚持党的领导，坚持马克思主义指导地位，坚持为党和人民事业服务，落实立德树人根本任务，传承红色基因，扎根中国大地办大学，走出一条建设中国特色、世界一流大学的新路。”这同样为我们干部学院办学明确了道路和方向的问题，明确“党校姓党”是学院生存发展第一位的问题，这也要求我们要继续深化一流政治院校建设，深入贯彻落实习近平新时代中国特色社会主义思想，提升政治能力，强化政治担当，把讲政治贯穿到教学、科研、决策咨询、队伍建设等办学活动全过程，以实际行动树牢“四个意识”、坚定“四个自信”、践行“两个维护”。

二是坚持任务和路径不动摇。“十四五”规划中明确学院五年内要完成“海关特色、国际先进、国内一流的干部学院”框架搭建，我想带大家再回顾一下其具体目标，包括一流的政治院校建设、一流的干部教育培训学科专业体系、一流的“三中心一平台”综合基地、一流的干部教育培训质量体系、一流的干部教育培训队伍建设、一流的特色海关智库建设。这“六个一流”是我们结合学院当前实际迫切需要为学院做的价值赋能，也是需要我们在“十四五”期间不断牢记的我们必须完成的任务和目标，想要前进，唯有埋头苦干、实干，别无他法。

三是坚定信念和使命不动摇。习近平总书记指出，老师应该有言为士则、行为世范的自觉，不断提高自身道德修养，以模范行为影响和带动学生，做学生为学、为事、为人的“大先生”，要潜心钻研，自觉以回答中国之问、世界之问、人民之问、时代之问为学术己任，以彰显中国之路、中国之治、中国之理为思想追求，做“大学问”。要做既精通专业知识，做好“经师”，又涵养德行，成为“人师”，努力做精于“传道授业解惑”的“经师”和“人师”的统一者，这应成为我们为师、为学坚定不移的信念和使命，唯有认清我们当前从事的伟大事业，才能增进情感认同，滋养信仰认同，共同为我们所从事的事业不懈奋斗。

同志们，习近平总书记指出，我们处于一个充满挑战的时代，也处于一个充满希望的时代，“大鹏之动，非一羽之轻也；骐骥之速，非一足之力也”，每一个人都是新时代的见证者、开创者，每个人都与国家命运息息相关。新时代，我们具备过去难以想象的良好发展条件，但也面临着许多前所未有的困难和挑战。我们决不能安于现状、贪图安逸，必须不忘初心、牢记使命、奋发有为，努力创造属于新时代的光辉业绩。下一步，我们仍要脚踏实地，扎扎实实做好相关工作，我提三点要求：

一是持续强化政治院校建设，为党的二十大胜利召开提供坚强政治保障。

坚持把习近平新时代中国特色社会主义思想作为培训的重中之重，将其作为学院办学的根本遵循，在制订教学计划时重点部署、设计教学项目时重点安排、配置教学资源时重点保障。扎实开展好强化政治机关建设专项教育活动，深入推进党史学习教育常态化长效化，持续做好学习党的十九届六中全会精神轮训和党员干部系统培训，做好迎接党的二十大宣传引导和党的二十大精神学习贯彻。推动学院校志、年鉴编写，培育课堂、现场教学课程，不断形成研究成果，进一步推动各类研究成果转化。全面做好“海关重点项目和财物管理以权谋私”专项整治工作。严而又严做好疫情防控工作，为党的二十大胜利召开营造良好氛围。

二是心怀“国之大者”，做“经师”和“人师”的统一者。

当前，尽管我们面临这样那样的问题，但我仍然想和大家说，要立足中华民族伟大复兴战略全局和世界百年未有之大变局，心怀“国之大者”，要把我们所从事的教育培训、学科专业建设、产学研一体化等各项工作放在社会主义现代化海关建设、促进经济双循环发展中去考虑，不断提升学院对海关、对社会的贡献度。结合学院实际，不断加强师资队伍建设，提升师资队伍能力素质，加大人才引进力度，我们的教师也要既精通专业知识，做好“经师”，又涵养德行，成为“人师”，努力做精于传道授业解惑的“经师”和“人师”的统一者，服务海关干部教育培训事业发展，提高干部教育培训的针对性、精准性、有效性，不断弘扬师者情怀。

三是统一思想，扎实完成全年重点工作。

持续深化教育培训改革创新，制定“十四五”科研工作规划，不断提升学院科研能力及科研成果质量，推动学院教育培训及研究成果相互转化。成立教学质量评估工作专班，着手开展自我评估。开展海关监管技术设备研发检测实验室挂牌仪式，完成学院产学研一体化平台搭建。尽快出台“十四五”国际交流合作工作方案，推动与荷兰海关建立合作机制，充分发挥国际原子能机构核安保一线官员协作中心重要作用，进一步加强与国际原子能机构在课题研究等方面的沟通联系。于中国海关防辐射探测培训中心挂牌成立10周年之际举办首届海关监管技术发展论坛，提升学院影响力。完成完善治理体系提升治理能力相关工作。完成校友会成立筹备事项，共同传承学院历史文化。统筹考虑北戴河校区建成后信息化建设，推进网络直播教室建设工作。启动固定资产管理信息化工作，提升固定资产管理质效。高标准做好海关总署监管技术研究中心项目竣工后二次提升工作。加强支部品牌创建力度，做好总署党建品牌复核工作和秦皇岛市党建品牌创建。加强廉洁文化建设，从严加强年轻干部教育管理监督，深入推进家教家风建设，讲好新时代清廉学院故事。

同志们，道阻且长，行则将至；行而不

辍，未来可期。让我们紧密团结在以习近平同志为核心的党中央周围，共同面对一切机遇和挑战，迎难而上，踔厉奋发，笃行不怠，共同为学院发展贡献力量，以优异的成绩迎接党的二十大胜利召开！

再次祝愿全体教职员工双节快乐、身体健康、工作顺利、生活幸福！

谢谢大家！

坚持政治建院　守正创新
在新征程上展现干部学院新作为

——在宣传贯彻党的二十大精神大会上的讲话

中国海关管理干部学院党委书记、院长　陈晖

（2022 年 11 月 18 日）

党的二十大是在全面建设社会主义现代化国家新征程、向第二个百年奋斗目标进军的关键时刻召开的一次十分重要的大会。习近平总书记向大会所作的报告内容丰富、立意高远，站在人类历史发展和中华民族伟大复兴的高度，擘画实现复兴新蓝图。中国海关管理干部学院将以党的二十大精神为指引，按照总署党委要求，把政治建院放在首位，守正创新，铸忠诚、担使命、守国门、促发展、齐奋斗，在新征程上展现干部学院新作为。

▲2022 年 11 月 18 日，学院召开学习贯彻宣传党的二十大精神大会

一、深刻领悟“两个确立”的决定性意义，将政治建设贯穿学院工作全过程各方面

党的二十大在政治上、理论上、实践上取得了一系列重大成果，是我们党团结带领人民全面建设社会主义现代化国家、全面推进中华民族伟大复兴的政治宣言和行动纲领。过去 5 年党和国家事业取得举世瞩目的重大成就和新时代 10 年的伟大变革，根本在于确立了习近平同志党中央的核心、全党的核心地位，确立了习近平新时代中国特色社会主义思想的指导地位。新时代新征程，必须要深刻领悟“两个确立”的决定性意义，将政治建设贯彻到学院工作全部过程和各个方面。

（一）加强政治建院

以党的政治建设为引领，严明党的政治纪律和政治规矩，落实党委主体责任，提高政治判断力、政治领悟力、政治执行力。坚持干部

学院姓党，为党育人、为国育才，一切教学活动、一切科研活动、一切办学活动都坚持党性原则、遵循党的政治路线，深刻领悟“两个确立”的决定性意义，切实增强“四个意识”、坚定“四个自信”、做到“两个维护”。从讲政治的高度来理解把握学院的每一项工作，在社会主义现代化海关建设中思考谋划学院未来发展。切实履行管党治党、办学治校责任，不断巩固马克思主义的指导地位，确保党的教育方针政策得到不折不扣的贯彻落实。

（二）将学习贯彻党的二十大精神作为首要的政治任务

坚持不懈用习近平新时代中国特色社会主义思想凝心铸魂，指导干部教育培训工作。将党的创新理论作为干部教育培训的重点，科学规划、系统完善干部教育培训计划和课程安排，将习近平新时代中国特色社会主义思想和党的二十大精神作为教育培训的必修课。成立中国特色社会主义理论研究中心，围绕习近平新时代中国特色社会主义思想和党的二十大精神，开展研究阐释，推动进教材、进课堂、进头脑。坚持学思用贯通、知信行统一，把习近平新时代中国特色社会主义思想转化为坚定理想、锤炼党性和指导实践、推动工作的强大力量。将教育培训同常态化长效化开展党史学习教育相结合，不断学史明理、学史增信、学史崇德、学史力行，传承红色基因，赓续红色血脉。

（三）坚持完善基层党组织建设

坚持党委的领导核心地位，建立健全统一领导、分工合作、协调运行的工作机制。加强意识形态工作和基层党组织建设，推动学院基层党组织标准化、规范化建设，实施“支部党建品牌培育计划”。实行“双带头人”制度，选拔党性强、业务精的学术带头人担任教师党支部书记。在党委领导下，充分发挥学术委员会、教学委员会在学科专业、教育改革、课程体系、学风建设等方面的重要作用，充分履行工会和教职工大会民主管理职能。坚持用好监督执纪“四种形态”，一体推进形成不敢腐、不能腐和不想腐的长效机制。严格执行海关纪律制度，深化准军事化海关纪律部队建设。

二、坚持守正创新，向建设一流干部学院目标持续迈进

落实好党的二十大精神，实现高质量发展，建设一流干部学院，首先要把握好习近平新时代中国特色社会主义思想的世界观和方法论，坚持好、运用好贯穿其中的立场观点方法，深刻认识“两个结合”，深刻理解“六个坚持”，把守正创新作为学院改革发展的基本原则。

▲2022 年 11 月 24 日，学院召开党委理论学习中心组（扩大）学习暨学习党的二十大精神专题学习班

（一）守正尽责，建好主阵地主渠道

“守正”就是回归干部学院本来面目办学，按照干部学院办学规律办学。教育、科技、人才是全面建设社会主义现代化国家的基础性、战略性支撑。习近平总书记多次强调，全面贯

彻党的教育方针，落实立德树人根本任务，坚持为党育人、为国育才。学院作为海关系统唯一专司干部教育培训的单位，必须立足自身职责定位，充分发挥干部学院在培训党的各级领导干部的主渠道作用，在党的思想理论建设的主阵地作用。必须坚持党校姓党、干部学院姓党，坚守正确的办学方向，把旗帜鲜明讲政治贯穿学院工作全过程和各方面。必须坚持为党育人、为国育才，遵循教育规律和干部成长规律，全面提高培训的针对性和有效性。必须坚持探索完善新时代干部教育模式，在打造培训示范项目、塑造特色培训品牌上下功夫。必须坚持学科兴院，加强理论研究、课题研究，以研促教，推动研究成果转换成教学成效。必须坚持加强师资培养，造就一批忠诚于马克思主义、在学科专业领域有影响力的专兼职教师队伍。

（二）创新发展，开辟新领域新赛道

"创新"就是要解决好学院发展动力问题，用创新思路，把方向、谋大局、促发展，更好服务社会主义现代化海关建设。习近平总书记在二十大报告中强调，创新是第一动力，要深入实施创新驱动发展战略，开辟发展新领域新赛道，不断塑造发展新动能新优势。要开创新思路，打破封闭狭隘的思维，克服按部就班的惯性，以更加敏锐的眼光、更加宽广的视野、更加开放的理念谋划推进发展。要构建新体制机制，推动学院综合改革，按照干部学院办学规律完善工作体制，建立起分工合理、上下联动，教学、科研、学科、专业、培训、应用相协作的工作机制。要激发新动能，充分发挥海关总署监管技术研究中心（中国海关防辐射探测培训中心）作用，搭建创新平台，开拓检测研发服务、主动服务海关。要实现新作为，要在全面推进社会主义现代化海关中找到学院定位，加强产学研一体化建设，在加快打造先进的、在国际上最具竞争力的海关监管体制机制，推进"智慧海关、智能边境、智享联通"上实现学院新作为。

三、全面贯彻落实党的二十大精神，在社会主义现代化海关建设中彰显担当作为

（一）铸忠诚，忠诚于党的干部教育事业

坚持和加强党对学院工作的全面领导，落实中央关于干部教育培训工作质量部署，坚持学院一切工作围绕党中央决策部署体现。发挥学院作为党的理论教育和党性教育主阵地作用，把学习贯彻习近平新时代中国特色社会主义思想作为首要任务，第一时间融入教学方案，进讲义、进课堂。深化对党的理论的阐释研究，重点开展习近平新时代中国特色社会主义思想和党史党建研究。进一步充实党史教育课程，丰富党史教育形式，推动党史学习教育常态化长效化。落实意识形态工作责任制，加强课堂、教材、讲坛、论坛、刊物、网站等意识形态阵地建设与管理。严格落实党风廉政建设责任制，强化对党员干部的监督制约，永葆清正廉洁政治本色。着力加强学风、校风建设，弘扬求实、扎实、朴实的海关文化，营造团结紧张、严肃活泼的学习氛围，以良好的学风、校风保证培训质量。

（二）担使命，持续提高教育培训质量

围绕马克思主义理论、国家安全学和法学三个一级学科开展学科专业建设，用学科促进教学，带动科研。坚持分类分级，构建以处级

及以下海关干部为主体，分类科学、特色鲜明、层次合理、长短结合的培训班次格局。坚持务实管用，围绕政治训练、专业训练、执法训练，进一步完善培训内容体系。以学科专业建设为抓手，以干部学院办学要求和干部培训需求为导向，构建特色课程体系。加强教材建设，开发主体教材、辅导教材、多媒体教材等形式多样的特色教材体系。加强学院与总署相关部门、各直属单位、海关院校、培训基地之间的沟通、协调、合作。对照中央党校《省级党委党校办学质量评估办法（试行）》开展教学质量自我评估，运用评估结果改进工作。

（三）守国门，聚焦海关改革发展重点难点开展研究

准确把握研究方向，认真贯彻落实中央做出的重大战略决策部署，聚焦海关改革发展面临的重点、难点问题，结合学院研究特色，深入开展基础性、实用性研究。创新科研组织形式，搭建科研平台，按照学科专业布局设立研究中心，定期或不定期举办学术活动。充分发挥海关总署监管技术研究中心（中国海关防辐射探测培训中心）作用，积极申报国际组织和国家级课题，实现省部级课题立项数量逐年增加，拓展横向课题申请渠道。开展决策咨询，开展细分领域的课题研究或决策咨询工作。

（四）促发展，推进监管设备检测研发服务

建设海关监管技术设备研发检测实验室，重点推进各类资质的申请工作，包括辐射探测设备检定、校准、人员剂量监测、海关监管装备检测等，配套建设各类设备设施。申请设立科技型企业，争取更多政策支持。围绕产学研一体化，建设集研究、研制、检测、运维、生产于一体的监管装备设备服务体系，从通用设备二次研发和新型监管装备研制两方面，开展监管装备研发工作。做好产品和服务的市场应用、市场推广。提升监管技术设备研发人才队伍水平。

（五）齐奋斗，全方位提升师资队伍能力水平

加强教师队伍建设。积极探索适应学院发展的人才培养模式和途径，实施教师再培训再教育工程。对专职教师提出考核量化的具体标准，打造名师和品牌教师。大力培养优秀年轻教师，建立学科专业带头人、特聘专家教授与青年教师之间一对一的带教制度，构建包括学历提升、挂职锻炼、跟班作业、系统培训和国际交流等多种方式的综合培养机制。争取地方支持，提升人才扶持力度，吸引更多高层次人才从事干部教育培训工作。

第二篇

专记

党史学习教育开展情况总结

党史学习教育开展以来，学院党委深入学习贯彻习近平总书记在党史学习教育动员大会上的重要讲话精神，聚焦学习宣传贯彻习近平总书记“七一”重要讲话精神和党的十九届六中全会精神，全面对标中央决策部署和总署党委工作要求，紧扣“学党史、悟思想、办实事、开新局”目标要求，高标准高质量推动全院党史学习教育深入开展，各项工作取得扎实成效。

一、落实政治要求，强化责任担当

学院党委把开展党史学习教育作为贯穿全年的重要政治任务抓紧抓实，早动员、早部署、早落实，确保党史学习教育顺利开展。一是高度重视，迅速启动。总署党委党史学习教育动员部署会后，院党委通过形势分析及工作督查例会、党委理论学习中心组学习等形式第一时间传达学习党中央和总署党委关于党史学习教育的各项部署要求。二是制订方案，周密部署。召开党委专题会议，研究制订《学院开展党史学习教育实施方案》，确定工作内容、工作标准、时间安排、责任分工。成立党史学习教育领导小组，下设办公室，分工负责、分级管理、一体推进。各党支部也在党史学习教育领导小组的有力领导下，结合支部实际制订方案计划、进行动员部署，推动党史学习教育迅速展开。三是强化督导，从严要求。党史学习教育领导小组办公室定期对党支部开展督促指导，紧扣党史学习教育方案，采取集中座谈、随机抽查等方式，对支部“三会一课”、专题学习、办实事等关键环节开展督导。在党史学习教育专题组织生活会中，全程跟踪指导会前准备、会中召开、会后整改等各个环节，全面提高各党支部组织生活质量。

二、坚定理想信念，强化理论武装

牢牢把握“学史明理”这个前提，坚持把学党史和悟思想贯通起来，把学懂弄通做实习近平新时代中国特色社会主义思想贯穿始终，全面推动党史学习教育往深里走、往心里走、往实里走。一是以上率下学。学院党委带头开展理论学习中心组学习研讨、上专题党课，为全院党员领导干部树立标杆、做出表率。紧紧围绕习近平总书记关于党史学习教育的重要论述，组织全院教职工学习，处级及以上领导干部通读习近平《论中国共产党历史》等4本中央指定学习书目和《中国共产党简史》等学习教材，全面系统学习党的百年历史，示范带动全院各党支部开展学习研讨20余次、主题党日活动8次。二是分层分类学。突出抓好在职党员、群团组织和离退休老党员等群体的党史学习教育，确保全面参与、全员覆盖。各党支部通过“三会一课”、开展主题党日等形式，积极开展党史学习教育。办公科技党支部组织党员赴李大钊纪念馆、李大钊故居参观；人政监察党支部围绕“深刻铭记中国共产党百年奋斗的光辉历程”组织党员观看微纪录片。团总支（青联）组织团员青年开展经典读书会系列活动，注重将党史学习教育同中华优秀传统文化相结合，在学习党史的过程中充分理解中华民族优秀传统文化在党的发展历程中的重要作用。三是重点推进融合学。立足党史学习教育重要时间节点、关键环节，分阶段分步骤开展主题活动，推动党史学习教育持续升温、步步深入。组织全体教职工参加“七一”升国旗仪式，集中收看庆祝中国共产党成立100周年大会，聆听学习习近平总书记在大会上的重要讲话精神。认真贯彻“学史明理、学史增信、学史崇德、学史力行”要求，以党支部为单位开展专题组织生活会，交流党史学习教育收获、存在问题等，引导广大党员增强“四个意识”、坚定“四个自信”。

三、突出融合推进，营造浓厚氛围

把党史学习教育同“四史”宣传教育、“永远跟党走”群众性主题宣传教育紧密结合起来，提升学习教育感染力。一是丰富形式载体。通过开展党员学党史知识测试、党支部书记微党课及书法、摄影等各类比赛活动，持续激发广大党员、干部群众学习热情，营造知史爱党知史爱国浓厚氛围。隆重举办“颂歌献给党”歌咏会，羽毛球协会开展“建党百年、羽你同行”等活动，不断丰富党史学习教育载体。二是深入开展宣传。全程掌握党史学习教育动态，实时编发简报，及时报刊报送工作情况。校园网站开辟“党史学习教育”专栏，设置党史学习教育宣传栏，院刊出版党史学习教育专刊，实时展示党史学习教育工作情况，营造浓厚的学习教育氛围。三是积极参加河北省、秦皇岛市理论宣讲。为展示学院党史学习教育的生动教材和阶段性组织学习教育活动，积极宣传学院创新教育培训模式、打造精品课程的成果，组织拍摄《踏寻秦皇岛红色印记》微党课视频，在全市“讲党史、颂党恩、跟党走”理论宣讲竞赛活动中，学院微党课获得二等奖。将微党课视频向海关《金钥匙》杂志微信公众号、“学习强国”河北学习平台、中国海关平台等媒体平台分别推送宣传。

四、坚持实干实效，增进民生福祉

把学习党史同总结经验、推动工作结合起来，推动党史学习教育同教育培训工作两促进两不误，提升群众幸福感、获得感、安全感。一是健全完善机制。坚持把“我为群众办实事”作为党史学习教育的重要落脚点，健全完善领导干部领办、项目动态调整、督促指导等工作机制，开设线上线下意见征集渠道，推动为民服务常态长效开展。全院围绕群众最关心最直接最现实的民生问题进行意见建议征集，10项重点民生项目全部予以落实。二是发挥先锋模范作用。充分发挥各级党组织战斗堡垒和党员先锋模范作用、群团组织桥梁纽带作用，持续深入开展“党旗在基层一线高高飘扬”活动，举办庆祝中国共产党成立100周年表彰大会，表彰2021年度“两优一先”，向老党员颁发“光荣在党50年”纪念章，激励党组织和广大党员奋发进取、创先争优。三是发挥干部教育培训主渠道主阵地作用。学院承办了10期海关学习贯彻党的十九届五中全会精神暨党史学习教育专题培训班，精心设置课程，精心遴选师资，精心组织教学，推动党史学习教育进教材、进课堂、进头脑。在各类培训班次中开设“学习习近平总书记在庆祝中国共产党成立100周年大会上的重要讲话精神”“学好党的百年历史 弘扬优良传统作风”等专题讲座，邀请来自中央党校、北京市委党校等多所知名院校的师资进行授课。引进中央党校《中国共产党的光辉历程》《中国特色社会主义进入新时代》等党史系列课程视频。

倪岳峰署长在全国海关党史学习教育总结会议上强调，要坚决贯彻落实习近平总书记重要指示批示精神，深入学习贯彻党的十九届六中全会精神，认真落实党史学习教育总结会议部署要求，建立常态化、长效化制度机制，推动海关党员干部持续增强历史定力、强化历史担当，奋力建设社会主义现代化海关。下一步，我们要汲取党史学习教育的成功经验，推动党史学习教育常态化长效化，持续做好各项工作。一是旗帜鲜明讲政治，持续加强政治建设。结合正在开展的捍卫“两个确立”、做到“两个维护”、强化政治机关建设专项教育活动，不断加深对“两个确立”决定性意义的理解领悟，增强“四个意识”、坚定“四个自信”、做到“两个维护”，以政治建设引领学院各项工作开展。二是学懂弄通做实，持续抓好理论武装。坚持不懈学习贯彻习近平新时代中国特色社会主义思想，在抓好自身学习的同时，按照总署要求，将习近平新时代中国特色社会主义思想作为干部教育培训的“第一课程”，做好课程设计与开发。三是发扬奋斗精神，持续深化民生实事。各党支部、广大党员干部要发挥战斗堡垒、先锋模范作用，聚焦解决群众急难愁盼的问题，聚焦一流干部学院建设目标，攻坚克难、真抓实干，将学院的发展与个人的成长有机统一，持续提升人民群众的幸福感、获得感。

历史照亮未来，奋斗成就伟业，学院将更加紧密地团结在以习近平同志为核心的党中央周围，解放思想，勇毅前行，凝聚起海关教育培训事业高质量发展的强劲动力，奋力走好新的赶考路，以优异的成绩迎接党的二十大胜利召开。

撰稿人

于东飞

政治机关建设专项教育活动

为深入学习贯彻习近平新时代中国特色社会主义思想，强化政治机关、政治院校建设，推动学院党员干部增强政治意识，提高政治能力，自觉在思想上政治上行动上同以习近平同志为核心的党中央保持高度一致，根据总署党委部署要求，中国海关管理干部学院深入开展捍卫“两个确立”、做到“两个维护”、强化政治机关建设专项教育活动（简称“政治机关建设专项教育活动”），引导广大党员、干部不断提高政治判断力、政治领悟力、政治执行力，持续深化政治院校建设。

一、提升政治站位，强化组织领导

政治机关建设专项教育活动开展以来，学院党委把握正确政治方向，迅速研究印发《中国海关管理干部学院开展捍卫“两个确立”、做到“两个维护”、强化政治机关建设专项教育活动方案》，明确目标原则、方法步骤、相关要求。一是突出政治引领。坚持目标导向、问题导向、效果导向，着力找准突出问题，抓好整改落实，做到政治站位有提高、政治能力更过硬，确保学院工作良好政治效果。结合抓好党的十九届六中全会精神学习、开好专题民主生活会、年度组织生活会，组织党员干部认真学习习近平总书记关于加强党的政治建设的重要论述，深刻领会党百年奋斗中积累的政治建设宝贵经验，全面把握党中央关于政治机关建设的各项要求。利用“三会一课”等形式，深入开展交流研讨，推动党员干部时刻关注党中央在关心什么、强调什么，深刻领会什么是党和国家最重要的利益、什么是最需要坚定维护的立场，把准各项工作的政治方向、政治原则、政治要求。二是突出党委主体责任。学院党委提高政治站位，专题研究部署，组织推动实施，党委书记承担起政治责任，履行好第一责任人职责，靠前指挥，班子成员抓好分管部门的专项教育活动。成立专项教育活动领导小组，下设办公室，先后通过党委会、形势分析及工作督查例会研究部署 4 次，抓紧抓实各项工作。三是突出岗位职责。广大党员干部立足本职岗位，对照“没有离开政治的业务，也没有离开业务的政治”，全面梳理政治要求，深入查找工作中是否存在业务与政治脱离的问题，把讲政治要求落实到每项工作中、每个岗位上，牢牢把握学院工作正确政治方向。对照总署编写的专项教育活动学习材料，通过学习，列出各个部门、各项业务、各个岗位具体政治要求。结合学院“十四五”规划的实施，深化教育培训思想大讨论，对学院“政治院校”的性质、任务进行深入讨论，提出建设一流政治院校的具体措施。将专项教育与学院教育培训工作紧密结合，在课程设计中有所体现，组织参训学员通过学习研讨等方式对树牢政治机关意识，深刻认识“两个确立”的决定性意义，增强“四个意识”、坚定“四个自信”、做到“两个维护”，牢记“国之大者”进行学习。

二、聚焦中心任务，全面组织推进

学院党委落实总署党委要求，将开展捍卫“两个确立”、做到“两个维护”、强化政治机关建设专项教育活动与学院重点工作紧密结合，推动专项教育活动走深走实，促进教育培训中心工作发展。一是聚焦“一流政治院校”目标，全面推动政治理论学习。以政治建设为统领，一体推进党建、教学、科研各项工作，将政治与业务紧密结合。下发学院党委年度工作要点、年度政治教育计划表，统筹开展好“学习研讨、查摆问题、改进提高”各项工作。深入学习习近平总书记关于加强党的政治建设的重要论述，全面提高党员干部政治素质，先后组织党委理论学习中心组学习 2 次。在学院党委的示范带动下，各党支部通过“三会一课”、主题党日等多种形式深化政治理论学习，共开展学习 20 余次。在校园网主页开设“政治教育每日一学”板块，每日推送习近平总书记关于政治建设的重要论述，引导教职工学在日常、学在经常。4 月 26 日，结合世界读书日与“五四”青年节，学院人事政工处会同工会、团总支、图书馆共同举办了“奋进新征程 建功新时代”读书分享暨“五四”青年节座谈活动，青年教职工代表就“立足岗位职责、投身学院一流政治院校建设”进行了交流座谈。组织开展离退休党支部学习交流活动，听取退休老同志意见建议。二是聚焦教育培训主责主业，将政治机关意识教育贯穿教育培训全过程。着力增强参训学员政治机关意识，精心设计培训计划，制订政治能力类培训方案 8 项。在课程安排上，将习近平新时代中国特色社会主义思想和党的十九届六中全会精神作为首要课程，聘请知名专家，讲授“学习党的十九届六中全会精神，深刻认识‘两个确立’对新时代党和国家事业发展的决定性意义”专题讲座。邀请党校专家授课，推动参训学员强化政治意识、提高政治能力。在总署统一下发的学习资料基础上，收集整理关于加强政治建设的理论文章发放给学员，辅助学员学习。发挥教学委员会作用，加强教师授课资格认定和课程开发管理，鼓励教师开发政治机关意识教育专题课程。组织学员以“如何捍卫‘两个确立’、做到‘两个维护’，把讲政治要求落实到每项工作中、每个岗位上”为主题进行研讨，撰写心得体会，通过交流研讨进一步深化认识。在开展教学评估时，将政治机关意识教育的效果作为重要内容，确保培训效果。三是聚焦准军事化纪律部队建设，着力培树一流干部学院的政治面貌。落实总署政工办关于 2022 年准军事化纪律部队建设有关工作要求，开展内务规范强化月活动，把内务规范学习教育和队列训练作为内化于心、外化于行的主要抓手，涵养令行禁止的纪律作风。根据疫情防控要求，灵活组织开展了队列训练等活动。严明工作纪律、严肃工作作风，进行纪律作风不定期抽查，杜绝无故脱岗、迟到早退等违规现象。为内务督察优秀的办公室颁发流动红旗，进一步营造表扬先进、争当第一的良好氛围。在校园中布设展板、标语进行宣传，让全体教职工和参训学员始终沉浸在浓厚的政治机关文化当中，始终牢记“没有离开政治的业务，也没有离开业务的政治”，持续提高政治机关意识。

三、立足长远发展，全面整改落实

将开展捍卫“两个确立”、做到“两个维护”、强化政治机关建设专项教育活动与教育培训工作紧密结合，通过教育活动完善内部管理，推动学院持续健康良性发展。一是全面排查问题。结合学院教育培训具体工作，从教学、科研、内部管理等方面进行问题查摆。组织党员干部深刻检视自身问题，深入剖析思想根源，全面排查是否存在贯彻落实习近平总书记重要指示批示精神态度不坚决、措施不到位、效果不明显的问题；是否存在对“国之大者”不关心，对政治要求、政治规矩、政治纪律不上心，对各种问题的政治危害不走心，对贯彻落实党中央的大政方针不用心的问题；是否存在讲政治虚化、抽象化，没有做到讲政治见行动，没有将政治要求体现和落实到制定业务规范、办理具体业务中的问题；是否存在以“业务部门”“业务干部”自居，重业务、轻政治的问题。针对查摆出的问题，要结合民主生活会（组织生活会）整改内容制定问题清单，形成整改方案。学院党委共查找8个方面主要问题。二是推动整改落实。对于查摆出来的每个问题，实行项目化推进、销号式管理，明确整改目标、具体措施、责任单位和完成时限，与人对应、与事对应，确保落地见效。各党支部根据查摆出来的问题，填写《中国海关管理干部学院捍卫“两个确立”、做到“两个维护”、强化政治机关建设专项教育活动个人自查清单》。对能够当下改的，不等不拖、立即整改，对长期任务，锲而不舍、一以贯之、持续用力。坚持举一反三，发现一个问题，查找解决一类问题。把专项教育活动作为深入推进学院全面从严治党，深化“强基提质工程”的重要内容，推动党建与教育培训深度融合，持续强化各级党组织政治功能和组织力。共制定整改措施30项，于2022年年底前全部整改完成。三是完善长效机制。结合“海关重点项目和财物管理以权谋私”专项整治，开展政治教育，持续提升推动全体教职员工政治判断力、政治领悟力、政治执行力，不折不扣做好各项工作。认真开展专项整治效果自查自评，对整治不到位的，组织进行“补课”。同时本着标本兼治的原则抓紧建章立制，进一步巩固和深化专项教育活动成果。把抓好专项教育与强化政治监督、日常监督统筹推进，作为各部门领导班子全面从严治党考核、领导干部述职述责的重要方面，压紧压实责任。

撰稿人

于东飞

中国海关管理干部学院“海关重点项目和财物管理以权谋私”专项整治工作

一、专项整治工作背景

2022 年 2 月 16 日，海关总署召开“海关重点项目和财物管理以权谋私”专项整治工作动员部署会，驻署纪检监察组组长、党委委员王林出席会议并讲话。同日，海关总署党委、驻署纪检监察组印发《关于开展“海关重点项目和财物管理以权谋私”专项整治工作方案的通知》。3 月 1 日上午，学院召开“海关重点项目和财物管理以权谋私”专项整治工作动员部署会，全体教职工参加。3 月 3 日，学院印发《中国海关管理干部学院关于开展“海关重点项目和财物管理以权谋私”专项整治工作实施方案》，聚焦政策支持力度大、资金密集、资源集中的领域和环节，及时查找薄弱环节，着力解决海关重点项目和财物管理领域以权谋私、暗箱操作、侵占国家资财等问题，治理学院存在的廉政风险隐患，完善管理机制。

二、整治重点

整治重点是工程建设、信息化建设、实验室建设、装备购建、疫情防控保障等问题易发多发高发的重点项目和财物管理方面的以权谋私问题。

其中，工程建设项目指按照海关基本建设管理要求批准的基建项目，以及其他修缮改造项目；信息化建设项目指信息化基础设施建设，信息化设备、成品软件、数据购置，软件开发、系统集成、授权许可、运行维护服务等项目；实验室建设项目指实验室基础设施和专业设施建设，仪器设备、试剂耗材购置，以及运行维护服务等项目；装备购建项目指海关通关查验设备、车辆等专用装备设备购置及其运行维护服务项目，以及海关制服等专项购置项目；疫情防控保障项目指新冠疫情防控相关的基础设施建设，设备、物资、服务采购，以及封闭管理保障等项目。

▲2022 年 3 月 1 日，学院召开“海关重点项目和财物管理以权谋私”专项整治工作动员部署会

重点项目是指上述5类项目中达到一定金额标准的2012年（含）之后结项的项目。重点项目金额标准为当年中央预算单位政府集中采购目录及标准中规定的分散采购限额标准。

对照标准，最终确定工程建设、信息化建设、财物管理领域3个整治重点，结合学院实际，自选科研项目类，一共4个整治重点。

三、动员部署阶段工作

（一）传达会议精神，制订学院实施方案

2月16日，党委书记、院长陈晖，纪委书记蔺婧在参加“海关重点项目和财物管理以权谋私”专项整治工作动员部署视频会议后，立即要求全院上下深入学习领会王林组长讲话和总署党委、驻署纪检监察组专项整治工作部署，要求监察室结合学院实际抓紧制订学院工作方案。纪委书记组织监察室认真学习总署工作方案，研究讨论制订学院实施方案。对照总署方案，结合学院实际起草学院专项整治工作方案和专项整治重点问题参考提纲，2月25日报综合组审核，监察室对照反馈意见对学院方案进行修改完善；2月28日院党委召开会议专题研究学院实施方案；3月1日召开学院专项整治工作动员部署会，全体院领导、教职工和合同制员工参加会议。

（二）建立专项整治工作领导小组、综合组和工作专班

学院成立由院党委全体成员和办公室、人事政工处、监察室、教育培训处、海关监管技术研究处、海关防辐射探测培训处、科技信息处、财务资产处和后勤保障处主要负责人组成的专项整治工作领导小组。设立了由纪委书记牵头、领导小组成员单位共同组成的综合组。设立由相关业务领域专家组成的工作专班。

（三）常态化研究督促专项整治工作

将专项整治工作作为学院2022年度重点工作。自专项整治工作动员部署会以来，党委书记、院长陈晖，纪委书记蔺婧在不同会议场合对专项整治工作分别提出要求4次；纪委书记蔺婧每天组织监察室召开专项整治工作碰头会，组织召开专项整治工作推进会1次，带队到3个重点处室进行专项督导；党委班子其他成员到相关处室督导专项整治工作6次；把专项整治工作作为形势分析及工作督查例会的常规议题；监察室建立专项整治工作推进总表，持续动态更新，细化49项具体任务，每周对照工作推进总表细化为周工作推进表；明确1名专项整治工作督导员，对部署的任务对账销号。

（四）结合实际细化工作内容、突出整治重点

从组织部署、全面自查、接受检查、问题整改4个步骤，将专项整治工作细化为18项具体任务，明确责任人和完成时限；经向综合组请示，结合学院实际新增2项整治重点，删除学院不涉及的整治重点12项。

（五）畅通信访举报渠道

在学院相关平台置顶发布专项整治举报渠道二级公示；在学院每栋楼宇张贴统一格式信访投诉举报渠道海报；在办公场所监控不覆盖区域设置专门举报箱；开设专项整治专门举报邮箱。安排专人每天开启、登录举报箱和邮箱。

（六）扎实开展学习教育

政工部门结合学习贯彻十九届六中全会精神、强化政治机关建设专项教育活动、巩固党

史学习教育成果一体推进专项整治工作，制订工作方案，开展政治教育、纪法教育和警示教育。

四、全面自查阶段工作

中国海关管理干部学院自开展“海关重点项目和财物管理以权谋私”专项整治工作以来，结合学院自身特点，抓住重点项目和财物管理领域权力风险的典型特征，紧盯政策支持力度大、资金密集、资源集中的重点项目和财物管理的重要环节，强化责任担当，高标准完成全面自查阶段工作任务。

（一）强化责任担当高标准完成自查工作

学院认真落实总署专项整治工作领导小组综合组关于专项整治工作的指示要求，学院领导带头研究、带头推动，确保把各个环节走深走实。一是学院党委高度重视，强力推动。学院认真落实总署党委、驻署纪检监察组关于专项整治工作的部署要求，第一时间传达学习王林组长批示要求，学院领导带头学习研究、推动主体责任落实。全体党委成员在专项整治工作领导小组综合组下发的专项整治工作文件上逐一批示督办，督促各部门提高思想认识、明确工作内容、压实主体责任。学院3次召开党委会专题研究专项整治工作，党委书记、院长4次主持召开专项整治工作领导小组会议，听取全面自查阶段工作汇报，并把专项整治工作作为每月形势分析及工作督察例会“固定议题”。党委书记、院长发挥“头雁”作用，以上率下，第一个完成个人违规事项申报，第一个完成逐一谈话。党委书记、纪委书记一同走访秦皇岛市纪委监委，商请协助支持。党委班子成员带头去企业走访调研，征求意见，了解情况，掌握第一手资料，到各分管处室分别召开专项整治工作督导会，推动工作落实。二是学院纪委积极协调，主动作为。学院纪委认真履行监督责任，纪委书记组织专项整治工作领导小组综合组会议8次，督导召开工作专班会议12次，跟踪工作进展，协调解决工作中存在的难题，通过约谈、会议、实地督导等形式督促专项整治工作走深走实。建立日进度碰头会、周工作部署会、专项任务集中研究制度，对标对表总署专项整治工作领导小组综合组安排及工作提示要求，逐一抓好贯彻落实。三是扎实开展学习教育，夯实思想根基。坚持把学习教育作为专项整治一项重要基础性工作，与“以机关党建推动落实习近平总书记重要指示和党中央经济工作决策部署专项工作”相结合，与“捍卫‘两个确立’、做到‘两个维护’、强化政治机关建设专项教育活动”相结合，通过制订教育计划，利用上级下发的教材，统筹推进政治教育、纪法教育、警示教育，编印《专项整治应知应会口袋书》，在校园网站设置“政治理论每日一学”栏目，利用LED显示屏每日播放纪律法规知识点，通过“钉钉”平台、微信平台组织在编教职工和合同制员工参加测试，集中组织观看警示教育片，传达违纪违法典型案例的通报等，利用微信群推送中央纪委国家监委警示教育微视频，将学习教育融入日常，不断强化教职工政治意识、提高政治站位。

（二）拓展手段方法确保自查不留死角

一是认真梳理重点项目清单。各相关部门和财务资产处按照专项整治工作实施方案自查2012年以来重点项目，通过查阅档案、调阅凭证等5000余份资料，逐个核查梳理出重点领域中的重点项目，形成清单 37 项（其中工程建设类 21 项、信息化建设类 4 项、自选项目 12 项）。二是扎实开展个人违规事项申报和逐一谈话。采用多种途径重申“自查从宽、被查从严”政策导向，组织涉及重点项目和财物管理领域的 67 人开展个人违规事项申报，其中申报有违规事项且已受到处理的 11 人。抽调监察室和人事政工处人员成立谈话工作小组，结合个人违规事项申报情况，制订谈话方案、细化谈话提纲，分组分批组织 66 人开展逐一谈话，并形成制式谈话记录 66 份（包括署管干部 3 人、处级干部 21 人、科级以下 42 人）。组织 63 人撰写个人剖析材料，院领导对部门主要负责人、部门负责人对本部门其他人员逐层审核把关，对 92 份（次）认识不深、质量不高的退回重写，严格把关，切实提高教职工对专项整治工作的思想认识。三是整理巡视审计问题。梳理 2012 年以来总署党委 2 次巡视指出问题，调阅 4 份工作档案，经梳理汇总共发现巡视巡察问题 13 个（重点项目问题 8 个，财物管理问题 5 个）。梳理 2012 年以来总署对学院开展的 3 次经济责任审计、对 2020 年经济责任审计“回头看”工作等 5 次审计检查，整理问题 14 个（涉及工程建设管理方面 5 个、财物管理方面 6 个、经营活动管理方面 3 个）。四是深入摸排走访。学院领导分别带队到 4 家与学院合作时间长、涉及项目多的企业进行走访调研，通报整治重点和举报途径，面对面向企业收集相关情况，经分析，梳理出问题 3 个。分组分批采用电话调研、上门调研等方式向 22 家企业征集线索信息。通过调阅领导干部个人事项报告、利用“天眼查”“电子营业执照”小程序等，排查领导干部亲属从业情况 47 人、离岗离职人员就业情况 37 人。五是拓宽渠道收集问题线索。在学院相关平台置顶发布专项整治举报渠道 2 级公示，在学院院区张贴统一格式信访投诉举报渠道海报 9 张，在办公场所监控不覆盖区域设置专门举报箱，向 119 家企业通过挂号信寄送公开信，利用学院微信公众号发布网络问卷调查，尽可能扩大专项整治工作宣传面，全面收集问题线索。充分借鉴其他海关单位经验做法，利用调查问卷向退休老干部征集问题线索，院领导分头组织与退休干部谈话，将逐一谈话形式向退休干部延伸，进一步核实问题、收集线索。

（三）紧盯重点难点精准研判廉政风险

一是推进边查边改。学院根据审计整改、巡视整改、专项工作检查和自查过程中发现的问题，着眼提高学院管理规范化水平，持续强化政治机关建设，制订《完善治理体系提升治理能力工作方案》，明确将 2022 年作为“制度建设年”，全面梳理完善学院规范性文件和规章制度，全面提升学院治理体系和治理能力现代化水平。针对专项整治自查阶段发现的管理基础薄弱，档案、合同、财物管理不规范等问题，学院纪委督促相关部门起草完成《中国海关管理干部学院健全完善治理体系、提升治理能力工作方案》《中国海关管理干部学院规范档案管理办法》《中国海关管理干部学院规范合同管理办法》3 个专项整治自查问题整改配套制度文件，财务部门规范财务日常报销审核基本清单，督促后勤部门着力规范食材采购供应商，改变长期存在的“小而散”个体商户供应模式，引入大型商超供应学院食材，形成“大而精”的新格局，进一步防范廉政风险。二是处置问题线索。专项整治工作中学院起底问题线索7件，总署转办件1件，转问题线索3个，并严格按照程序进行处置。三是摸清问题风险底数。组织工作专班参加“重点项目清单分析指引”培训，深入学习研究分析总署指引运用规则、方法和技巧，建立分工运用“模型分析指引”和集中运用“人工分析指引”的筛选机制，逐一深入排查项目决策、采购、实施、验收等重点环节的风险和问题，集中专家力量进行分析研判，共确定高风险项目8个。财务资产处集中组织对房地产租赁、国有资产处置、经营活动管理等进行清查摸排，形成台账，逐条逐项进行风险和问题全面排查。引入第三方审计机构参与风险摸排，深入挖掘学院管理当中的薄弱环节和廉政风险，通过运用“第一种形态”，对包括8个部门的9名主要负责人进行了提醒谈话。四是排查重点环节的风险。综合运用资料查询、谈心谈话、座谈了解、问卷调查、跟班作业、企业调研、数据分析、走访地方纪委监委等方式，摸清问题风险底数，查找出问题集中的重点项目及易被利用谋私的管理薄弱环节、廉政高风险点，列出详尽的问题清单和廉政风险清单。经工作专班和综合组多轮分析研判，共发现问题和风险61个，其中工程建设类项目问题及风险29个、信息化建设类项目问题及风险6个、其他财物管理方面问题及风险26个。

五、迎接检查阶段工作

2022年6月21—30日，专项整治工作第十六督导检查组开展对学院的视频督导检查工作。6月21日，召开中国海关管理干部学院党委与专项整治工作第十六督导检查组见面会，全体院领导参会。党委书记、院长陈晖同志代表学院介绍专项整治工作开展情况并作表态发言。

学院按照专项整治工作第十六督导检查组的部署及院党委的要求，全力以赴做好专项整治迎检工作。7月26日，第十六督导检查组向学院反馈视频督导检查意见。

六、整改评估阶段工作

根据第十六督导检查组反馈的意见，学院党委扛牢政治责任，开展全面整改。

（一）提高政治站位，扛稳专项整治整改责任

学院党委牢固树立“检查不是结束、整改才是关键”理念，从增强政治判断力、政治领悟力、政治执行力的高度，以对党绝对忠诚的态度，坚决抓好专项整治整改工作，持续做好专项整治“后半篇文章”。党委书记、院长陈晖自觉扛起专项整治整改“第一责任人”责任，自觉把主体责任扛在肩上，先后在专项整治工作领导小组会议、党委会、院长办公会、形势分析及工作督察例会5次会上研究部署推动专项整治整改工作，督促整改工作走深走实。纪委书记蔺婧协助党委切实履行好监督责任，先后3次主持专项整治整改工作推进会，将监督检查贯穿整改阶段全过程，主动监督、靠前监督，掌握整改进度，持续跟踪督办。其他党委委员累计4次督促指导分管部门履行主体责任及职能监督责任，抓好整改落实。

（二）聚焦突出问题，确保反馈意见“当下改”

一是高标准制订专项整治整改方案。对照自查和督导检查发现的52个问题，研究制定整改措施155条，并逐项明确责任领导、责任

部门、整改时限等，整改方案出台前多次征求相关职能部门意见建议，确保整改措施针对性强，可操作性强，取得实效。院党委集体审定整改方案、提出整改要求，确保整改工作思路清、步骤明、措施实。整改过程中实行“挂图作战、对账销号”工作法，所有问题在9月30日已整改完成。

二是再次开展风险排查。对照第一批第十六督导检查组反馈意见和《重点项目清单分析指引》，对重点项目和财物管理领域风险进行“拉网式”排查，分析原因、研判廉政风险，进一步核查是否存在廉政问题，确保查清查透查彻底；通过再次排查风险，补充完善问题和廉政风险清单16条，制定风险防范措施25项，完善重点项目清单内容、重点项目分析研判汇总表和分项报告。

三是开展补充谈话。对督导检查组指出的逐一谈话中存在的问题，共梳理出61份谈话记录存在问题。通过压紧整改责任，督促各党支部从讲政治的高度做好思想教育，对61人全部进行补充谈话，确保谈话记录规范完整，谈话对象谈出高风险人员（不含离退休干部）比例达到100%。

四是对剖析材料退回修改。对提交的个人剖析材料全面重新审核，对重新提交的个人剖析材料进行逐一审核把关，并要求相关部门负责人进行二次把关审核。针对个别人员风险认识不足，岗位风险排查不到位的问题，通过“个人查、集体找、支部帮”的工作方法查找相关人员岗位风险，进一步督促其提高思想认识。

五是扎实开展问题线索和核查提醒单核查工作。针对收到的问题线索开展初核，形成谈话笔录26份，查阅资料76份，收集证据材料132份，初核完成后向驻署纪检监察组相关处室书面汇报问题线索的处置工作，并根据驻署纪检监察组的要求做进一步处置；针对核查提醒单中指出的问题，持续进行核查，将核查情况向综合组做书面报告。

（三）紧盯重点目标，推进整改工作“长久立”

一是强化“依法治院”理念落实，推动学院规范化管理。2022年院党委决定提炼学院核心价值理念，把“依法治院”作为学院的办学理念之一，营造浓厚法治氛围，进一步提高各层级领导干部的法治思维。党委根据在专项整治自查和督导检查阶段发现的短板弱项，把2022年确定为“制度建设年”，全面梳理汇总整理学院制度，共计清理规章制度236项，其中新立28项，修改76项，保留109项，废除23项。涉及专项整治领域新立或修订19项，结合廉政风险防范，制订操作指引1项，完善作业流程9项，整改短板弱项4个。

二是持续开展教育，筑牢思想防线。督促专项整治反馈意见发现问题比较多的责任部门召开专题组织生活会，剖析问题根源，落实整改措施；推动党支部开展专项整治主题党日活动，各党支部围绕专项整治工作督导检查中发现的问题深刻剖析原因、集体研究对策，进一步提升廉政风险意识、制度意识、风险防控意识，织牢风险防控篱笆；下发《中国海关管理干部学院关于开展2022年警示教育月活动的通知》，通过专家授课、专题辅导等形式开展学习教育；组织观看警示教育片，传达中央纪委国家监委和驻署纪检监察组下发的典型案例通报，夯实思想堤坝。

三是发挥科技力量，提升监督能力。纪检监察部门建立重点项目数据池，全面梳理自查和督导检查反馈意见开展以来发现的系统性、典型性问题风险，提出监督建议，督促加强管理。全面提升“制度+科技”手段防范廉政风险，实现数据可追溯、风险可把控、责任可追究。

撰稿人

牛继豪 裴君博

疫情防控工作

一、提高政治站位，坚持底线思维

认真学习贯彻习近平总书记关于疫情防控工作的重要指示批示精神，严格落实总署党委部署和属地各项防疫要求，提高政治站位，压实主体责任，切实增强全体教职工疫情防控意识，严而又严、慎而又慎、细而又细、实而又实做好疫情防控工作。通过全体教职工大会、形势分析及工作督查例会、疫情防控工作领导小组会议、支部党员会议等多种形式强调部署疫情防控工作，对内部防控管理、个人非工作渠道防护等提出具体要求；及时传达落实全国海关疫情防控工作专题视频会议上署领导讲话精神，组织开展疫情防控工作自查，时刻紧绷疫情防控这根弦，以实际行动坚决做到“两个维护”。

二、压实各方责任，完善工作机制

一是压实领导干部责任，学院党委书记、院长作为学院疫情防控工作的第一负责人和学院疫情防控工作领导小组组长，疫情发生以来靠前指挥、担当作为，全面负责疫情防控的组织领导和责任落实。二是压实部门责任，各处室负责人是学院各部门疫情防控主要责任人，在坚决贯彻落实各项防疫规定和要求的前提下做好主责主业，严格监督管理处室内部人员的身体健康状况、出差出行情况等。三是压实个人责任，全体教职员工本着“每个人是自己健康第一责任人”的主人翁精神，强化个人及共同居住人防护责任，认真做好非工作渠道个人防护。

三、从严从紧从细，做好内部防控

一是认真落实疫情内部防控制度，学院疫情防控工作领导小组及时根据总署和属地相关要求，制定、调整学院内部防控措施，层层压紧压实责任。储备适量防护物资，动态调整防疫物资库，认真做到疫情防控“五有”要求。

二是严格执行健康码“绿码”、测温正常等上岗要求；建立“日报告、零报告”台账，掌握全体教职工和共同居住人身体健康状况；建立出行出差台账，严格执行内部人员出行出差审批制度和核酸检测要求；将第三方服务人员纳入学院“日报告、零报告”和出行台账管理范围。

三是对办公场所、教学场所、会议室、食堂、电梯等公共区域定期进行通风消毒和环境清理，做好相应台账记录；对进入办公区域的外来人员，严格执行扫码、测温、审批、登记；明确要求教职工提高非工作渠道个人安全防护，倡导少聚集、少聚餐，确保不发生非工作渠道感染。

四、强化应急响应，提升处置能力

制订《中国海关管理干部学院新冠疫情防控应急处置预案》，并根据实际情况动态调整预案细节，与地方医疗机构和秦皇岛海关检验中心建立关系，组织开展针对培训学员在院期间发生疫情的应急演练，确保能够以最快速度处理疫情突发事件，做好封闭管理、隔离转运等应急处置。结合属地防疫管理要求，制定学院教职员工疫情封控期间应急处置办法，设置各部门重要岗位 AB 角，确保属地封控期间公文流转、教育培训等主要工作正常运行，有效提升突发情况下的处置能力。

五、开展监督检查，抓好整改落实

学院疫情防控工作领导小组按照总署“四不两直”要求，不定期对院内各部门“日报告”台账、人员管理、环境消杀、物资储备等疫情防控工作开展检查，发现问题、立行整改、堵塞漏洞。配合总署有关部门开展“百名科长百日督查”等疫情防控工作专项检查以及各类“回头看”自查工作，及时报送有关检查情况，督导学院各部门、各条线及时做好问题整改，完善应急处置、强化内部管理、提高防护意识。

六、克服困难条件，做好主责主业

面对疫情防控长期复杂的形势，学院在全力做好疫情防控工作的基础上，聚焦主责主业，扎实开展干部教育培训工作。一是制订学员管理疫情防控应急预案，落实每一个环节、每一项措施，坚决守好来之不易的防控成果；二是了解全国疫情形势实时动态，掌握培训班学员所在地、途经地等信息，结合学员具体情况开展比对和排查；三是做好向学院疫情防控工作领导小组汇报并请示，牢牢把握疫情防控的主动权，必要时将教学活动调整到线上开展，确保疫情防控和教育培训两不误；四是及时回应学员关切，做好被隔离学员的安抚和心理疏导以及对其他学员的解释说明工作，避免引起不必要的恐慌，让学员充分感受到学院的温暖。

撰稿人

高 健

积极推进国际合作交流

2022年，中国海关管理干部学院深入贯彻落实习近平总书记的重要讲话精神，在海关总署相关司局的指导和支持下，积极推进国际合作交流，深度参与海关“三智”合作，充分发挥国际原子能机构（IAEA）核安保一线官员能力建设协作中心等国际平台作用，拓展与世界海关组织、荷兰海关等国际组织、国外海关的合作交流，完成《公平贸易信息月报》编写等课题研究项目，学院国际合作交流与教育培训中心各项工作均取得显著成效。

一、积极参加“三智”项目评审工作

根据《海关总署国际司关于开展“三智”项目评审工作的通知》，在总署相关司局的指导下，结合工作实际，学院按要求报送了3项“三智”早期收获项目，即“利用辐射探测技术检测核材料及其他违禁品，促进贸易安全与便利化”“辐射探测设备维护、维修和校准的评估和技术应用”“‘一带一路’沿线国家（地区）辐射探测技术培训”，积极为海关“三智”合作建设贡献力量。

二、与IAEA保持紧密合作

学院中国海关辐射探测培训中心作为IAEA核安保一线官员能力建设协作中心、IAEA核安保培训和支持中心国际网络成员等，在国际核安保一线官员能力建设、利用核探测技术促进贸易安全与便利化等方面开展了大量富有成效的工作。2022年，培训中心圆满承办了首期“IAEA大型公共活动海关核安保培训班”，成功申请IAEA协调研究项目“应用核探测技术促进贸易安全和便利化”，为促进海关贸易安全和通关便利化合作做出新贡献，获得了IAEA、中国国家原子能机构（CAEA）及成员方海关等相关单位的广泛赞誉。

三、与荷兰王国海关局签署合作协议

2022年11月7日，在海关总署副署长王令浚、荷兰王国海关局局长塞尔文和荷兰驻华大使贺伟民的见证下，学院院长陈晖与荷兰王国海关局国际司司长英格博斯签署了《中国海关管理干部学院与荷兰王国海关局国际司合作协议》。该协议的签署是中荷（兰）海关年度署级会晤暨中荷海关能力建设30周年庆祝活动的主要内容之一。该协议约定双方致力于维护双边/联合培训伙伴关系、促进人员跟班作业与交流学习、开展学术及应用研究合作、推动双边/联合能力建设、共建海关监管查验技能实训中心及在海关培训、科研等相关领域国际合作中给予双边支持等。该项协议是学院首次与国外海关单位签署合作协议，对于推动建设海关特色、国际先进、国内一流的干部学院具有重要意义。

四、举办 WCO 战略贸易管制执法培训班

2022 年 11 月 23 日至 25 日，学院第二次圆满举办 WCO 战略贸易管制执法培训班。该培训班由海关总署综合业务司和中国海关管理干部学院联合主办，WCO 支持，来自全国 44 个直属海关单位的 100 名学员参加了为期 3 天的线上培训并全部通过考核。这是继 2021 年 10 月学院首次承办 WCO 战略贸易管制执法培训班之后，再次与 WCO 开展相关领域的培训合作。本次培训班课程方案由中国海关防辐射探测培训中心与 WCO 战略贸易管制执法专家组共同研究制订。双方根据海关工作实际需求，有针对性地开发课程模块，结合灵活多样的教学方法，使线上课堂教学更加情景化、场景化，使学员沉浸在课程内容与学习过程中，进一步加深了各方在出口管制培训和研究方面同频共振，共同促进海关出口管制能力和水平提升。

五、首次举办联合国安理会第 1540 号决议海关执法线上培训班

2022 年 12 月 13 日至 14 日，学院成功举办联合国安理会第 1540 号决议海关执法线上培训班，联合国 1540 委员会主席、特命全权大使 Juan Ramon de la Fuente Ramirez 先生的代表——主席办公室、墨西哥常驻联合国代表团副政治协调员 Eduardo Alcibiades Sanchez Keisslich 先生出席开班式并宣读主席致辞。该培训班由海关总署综合业务司和学院联合主办，联合国 1540 委员会、中国外交部和商务部支持，来自全国 43 个直属海关单位的 100 名学员参加了为期 2 天的线上培训。本次培训班课程方案由学院与联合国 1540 委员会专家共同研究制订，涉及第 1540（2004）号决议解读、国际防扩散体系等内容，并特邀联合国 1540 委员会、中国外交部军控司及商务部产业安全与进出口管制局的专家授课，进一步强化我国海关一线关员防扩散意识、加深防扩散出口管制政策的理解和掌握，不断提升海关监管和防扩散出口管制工作能力。

六、首次举办联合国《濒危野生动植物种国际贸易公约》（CITES）履约执法与海关监管培训班

2022 年 12 月 8 日至 9 日，学院成功举办联合国 CITES 履约执法与海关监管培训班。该培训班由海关总署口岸监管司和学院联合主办，联合国 CITES 秘书处支持，来自全国 43 个直属海关单位的 120 名学员参加了为期 2 天的线上培训。本次培训班得到各方的高度重视，特别是得到国家林业和草原局野生动植物保护司的大力支持和帮助。本次培训班课程方案由学院与联合国 CITES 秘书处共同研究制订。双方根据海关工作实际需求，有针对性地开发授课专题，进一步加深了濒危野生动植物种国际贸易管制培训和研究合作，共同促进了海关履约执法和口岸监管能力提升。

七、学术论文首次入选 PICARD 大会

2022 年 12 月 8 日至 9 日，WCO 第 17 届海

关学术研究与发展伙伴关系大会（PICARD大会）在比利时布鲁塞尔举行，学院青年教师侯永明同志撰写的学术论文《辐射探测技术检测核材料、放射性物品、禁限品，促进贸易安全与安保便利化》入选本届大会，应邀参会并做报告，介绍研究成果。这是学院教师的学术论文首次被PICARD大会收录，并首次获邀在大会上发言，介绍中国海关在辐射探测智能化研究领域的最新成果。这是学院科研能力和水平继2021年得到国际原子能机构认可后，又得到世界海关同行的认可，充分表明学院近年来大力倡导核心能力建设、安心扎实地开展科研、教研工作取得了初步成效。

八、强化提升外事人才队伍建设

学院积极鼓励推动教职工申请海关总署、国家留学基金委、相关国际组织和国外海关等合作项目，逐步提升境外访学、跟班作业、短期科研合作、国际培训授课、参加国际会议的数量与层次，提高学院人才队伍国际化程度。2022年，学院应邀派员在IAEA核安保协作中心年会等相关会议上授课或演讲；选派青年教师参加海关总署海关业务骨干高级英语培训班等。通过以上学习锻炼，持续提升学院人才队伍的国际化思维、技能和素养。

撰稿人

孙晶姝

全面开展校园文化建设

为推进校园文化建设，提炼、总结学院精神文化，为学院未来长远发展提供文化内核和精神引领，充分发挥文化凝聚人心重要作用，2022 年，学院成立校园文化建设工作领导小组，统筹老校区和新校区规划、建设和功能定位，制订“十四五”校园文化建设工作方案，总结、提炼学院核心价值理念，并以此为依据为学院楼宇、道路命名，构建学院浓厚文化氛围。

一、核心价值

中国海关管理干部学院在办学过程中，坚持以习近平新时代中国特色社会主义思想为指引，以社会主义办学方向为遵循，以建设海关特色、国际先进、国内一流干部学院为目标，坚持政治建院、依法治院、学科兴院、人才强院的办学理念，秉持精于服务、成于示范的校训，传承实事求是、开拓创新的优良校风，崇尚立德树人、做身正学高“大先生”的师德师风，培育勤学善思、做经世致用“大学问”的学术风尚，推动教育培训改革创新，提升教育培训质量，为海关改革发展服务，为海关队伍建设服务，为广大关警员成长成才服务，努力发挥海关干部教育培训主渠道作用、海关理论研究和科技创新平台作用、海关国际培训合作窗口作用。

二、办学目标

学院的办学目标为海关特色、国际先进、国内一流。

学院以建设海关特色、国际先进、国内一流的干部学院为总体目标。“海关特色”体现在形成有特色的海关干部教育培训学科专业体系；“国际先进”体现在积极参与相关国际组织，在国际海关规则制定中发挥积极作用，在海关监管培训和能力建设领域走在国际海关前列；“国内一流”体现在干部教育培训质量一流。到 2025 年，学院按照一流干部学院建设目标，初步形成海关特色、国际先进、国内一流的干部学院的基本格局。2035 年，一流干部学院的内涵外延建设基本完成，实现海关特色、国际先进、国内一流的干部学院建设目标。

三、办学理念

学院的办学理念为政治建院、依法治院、学科兴院、人才强院。

政治建院，学院坚持干部学院姓党，一切

教学、科研、办学活动都坚持党性原则，遵循党的政治路线，切实增强“四个意识”、坚定“四个自信”、做到“两个维护”。依法治院，发挥法治在学院管理中的重要作用，规范学院管理和教育教学行为，全面提高学院法治建设水平，建立依法办学、自主管理、民主监督的学院制度，坚持全体教职员工的主体地位，充分发挥教职工的创造力与活力，进一步推进校园建设共商共建共享。学科兴院，开展学科专业建设，以学科建设带动教学科研工作、提升师资水平、提高教学质量，通过高水平的学科建设成果和贡献获取社会的支持，谋求更大的发展空间。人才强院，加大人才引进和培育力度，汇聚优秀青年人才，造就一支信念坚定、师德高尚、业务精良的高水平干部教育培训队伍，为加快建成一流干部学院提供坚实的人才保证。

四、校训

学院的校训为精于服务、成于示范。

精于服务：立足海关、服务海关是我们的立校之本，发展之基。一是办学理念要立足服务；二是培养目标上要追求服务；三是培训工作体现服务；四是后勤保障彰显服务；五是与海关的关系定位于服务；六是文化建设突出服务。

成于示范：学院是海关干部教育培训的主渠道，要责无旁贷地发挥好示范作用。一是教育培训质量的示范；二是培训服务质量的示范；三是科学研究的示范；四是办学特色的示范；五是学院管理的示范；六是思想和行为的示范。

精于服务、成于示范既是学院前进的两个立足点，也是学院腾飞的两只翅膀。前者是理念，是思路，是支撑；后者是目标，是方向，是归宿。只要立足服务、精于服务，学院就一定能够归于示范、成于示范。

五、校风师风学风

（一）校风：实事求是、开拓创新

实事求是，就是坚持一切从实际出发来研究和解决问题，坚持理论联系实际来制定和形成指导实践发展的正确路线方针政策，坚持在实践中检验真理和发展真理。创新，是民族进步的灵魂，是国家兴旺发达的不竭动力。唯有创新，才能有更长远的发展和未来。要建设一流干部学院，就要勇于开拓、打破常规。

（二）师风：立德树人、做身正学高“大先生”

《学记》中具体谈到教师应具备的素质。一方面是具有很高的政治素质和道德觉悟，因为“师也者，所以学为君也”。另一方面是要有广博的知识，“记问之学，不足以为人师，必也听语乎”，作为合格的教师，必须有广博的知识基础，且精通自己所教授的专业知识，做到博大精深。习近平总书记指出，老师应该有言为士则、行为世范的自觉，不断提高自身道德修养，以模范行为影响和带动学生，做学生为学、为事、为人的大先生，成为被社会尊重的楷模，成为世人效法的榜样。对教师来说，想把学生培养成什么样的人，自己首先就应该成为什么样的人。培养社会主义建设者和接班人，迫切需要我们的教师既精通专业知识，做好“经师”，又涵养德行、成为“人师”，努力做精于传道授业解惑的“经师”和“人师”的统一者。

（三）学风：勤学善思、做经世致用“大学问”

学习是让人发展和进步的动力。勤学就是要敏而好学，学而不厌，要将学习作为终生的习惯；善思就是要学有所思，思有所得。党员干部在学习过程中要善于思考，多问一些为什么，从而用心体悟，找到问题的最佳答案。经世致用，是指学问必须有益于国事，应以治事、救世为急务。习近平总书记要求哲学社会科学工作者要自觉以回答中国之问、世界之问、人民之问、时代之问为学术己任，以彰显中国之路、中国之治、中国之理为思想追求，在研究解决事关党和国家全局性、根本性、关键性的重大问题上拿出真本事、取得好成果。作为干部培训院校，我们的学术研究要关注社会现实，面对社会矛盾，并用所学解决社会问题，以求达到国治民安的实效，体现“以天下为己任”的情怀。结合学院教育培训目标，即为通过在教育培训中学习知识用于海关改革发展实践，培养实用型人才，从而提高干部教育培训的精准性、有效性，也体现学院心怀“国之大者”的情怀。

六、校徽

校徽样式（沿用学院已有的校徽）：

校徽图案的主要构成元素是关徽和书籍。关徽，代表着学院作为海关总署直属事业单位，立足海关、服务海关是学院的立校之本，发展之基；也体现着学院为海关干部队伍建设服务，为海关业务改革发展服务，为广大关警员成长成才服务的办学宗旨。书籍，代表着学院以教育培训为中心，提高教学质量，提升研究能力，深化培训效果，突出培训特色，切实发挥在海关干部培训中的主渠道作用。校徽整体设计展现了团结、开放、创新的理念，表明了全院教职员工在党委和行政的领导下，继往开来，不断进取，为建设具有海关特色、国内先进、国际一流的干部学院而努力奋斗。

七、楼名路名

- 1 号楼（办公楼）：惟勤楼

出自《尚书·周书》：功崇惟志，业广惟勤。功高由于有志，业大由于勤劳，习近平总书记用典，体现学院改革需全体教职工勤勉工作，奋发有为，与办公楼功能定位相符。

- 2 号楼（教学楼）：惟志楼

出自《尚书·周书》：功崇惟志，业广惟勤。功高由于有志，业大由于勤劳，习近平总书记用典，体现勤学首当立志，与教学楼功能定位相符。

- 7 号楼（教研楼）：惟新楼

《大学》：“苟日新，日日新，又日新”，从勤于省身和动态角度强调及时反省和不断革新。学院要立足新发展阶段、贯彻新发展理念、探索新发展定位、构建新发展格局，实现教育培训改革创新的发展路径，也与教研楼功能定位相符。

•4 号楼（前台）：颐贤楼

《汉书·叙传下》：“平津斤斤，晚跻金门，既登爵位，禄赐颐贤。”颜师古注：“颐，养也，谓引招贤人而养之。”

•5 号楼（宿舍楼）：育贤楼

育贤：指培育人才、贤才，与教育培训目的及本质相通。

•9 号楼（宿舍楼）：齐贤楼

《论语·里仁》中提到，“见贤思齐焉，见不贤而内自省也”，提倡以贤人为镜，提升个人修养。

•10 号楼（初任学员宿舍楼）：礼贤楼

嵇康在《管蔡论》中提到，“乃所以崇德礼贤，济殷弊民”，提倡礼遇贤人、贤才，也意为学院改革发展要广纳贤才、礼待贤才。

•3 号楼（餐厅楼）：山海餐厅

“山”为“燕山脚下”，“海”为“海关”缩写，体现学院特色；“山海”也为秦皇岛山海关地名同字，体现地理位置特点；“山海”比喻高深、繁多，体现学院广结海关系统内外友谊，亦有海纳百川之意。

•8 号楼（图书馆）：图书馆

•11 号楼（体育馆）：体育馆

•12 号楼（职工之家）：馨雅苑（职工之家）

取温馨雅致为职工之家命名。

•过街天桥：海关学院桥

简单明了地突出学院之名。

•西院主路（前台面前南北向道路）：杏兰路

主路两旁种植银杏和白玉兰，以景观命名。

•行政楼、教学楼前东西向两侧向南延伸至餐厅和 4 号宿舍楼后整体环形道路：求索东/西/南/北路

•办公楼、5 号楼中间东西向道：求实路

•3 号楼、4 号楼前东西向道：求知路

•东校区教研楼、宿舍楼、体育馆、图书馆前延伸至操场南侧、西侧前环形道路：求真东/西/北路

《离骚》：“路漫漫其修远兮，吾将上下而求索”，体现学院“实事求是，开拓创新”的校风，表达将孜孜以求，追寻立德树人教育根本，求真务实、实事求是，以学科专业建设为支撑，推动教育培训改革创新，不断提升教育培训质量。

•西区教学楼南侧广场：弘毅广场

《论语·泰伯》：“士不可以不弘毅，任重而道远。”“弘”是弘大之意，“毅”是坚毅之意。“弘毅”指的是弘大的志向、坚毅的品质。

•东区 9 号宿舍楼下花园：齐贤花园

坐落在齐贤楼下的花园。

•东区 10 号宿舍楼下花园：礼贤花园

坐落在礼贤楼下的花园。

撰稿人

单婷婷　裴君博

第三篇

大事记

2022 年中国海关管理干部学院大事记

1 月

4 日 学院工会荣获“2021 年度秦皇岛市模范职工之家”荣誉称号。

5 日 2022 年第 1 期总署机关及在京直属事业单位处级干部集中轮训示范班在学院开班，来自总署机关及在京直属事业单位的 72 名处级干部参加为期 3 天的集中培训。开班式上，全体学员通过视频会议系统同步收看了副署长胡伟在第 1 期署管干部集中轮训示范班上的专题辅导。学院党委副书记、院长陈晖出席开班式并致辞。

学院组织召开督察内审工作会议，院长陈晖、纪委书记蔺婧，各部门负责人及相关人员参加会议。

纪委书记蔺婧主持召开学院国际合作工作组会议 。

5—7 日 学院承办杭州海关处级干部学习贯彻党的十九届六中全会精神网络培训班，共计 142 名学员在线进行了 3 天培训。

6 日 秦皇岛海关工会主席马新峰、北戴河海关工会主席李洪晶一行 13 人来学院考察交流工会工作。

7 日 学院与河北建材职业技术学院签署合作备忘录，院长陈晖、纪委书记蔺婧出席签约仪式。双方将发挥各自的资源优势，互学互鉴、共建共享、共同发展，在学科建设、人才培养、队伍建设、科学研究、文化建设等方面加强合作，共同搭建学习交流平台、科研交流平台、文化交流平台、学科建设平台和队伍建设平台。

9 日 学院党委理论学习中心组召开党史学习教育专题民主生活会集中学习。

10 日 学院向鲁山县一高附中捐赠物资，开展送温暖活动。

10—11 日 纪委书记蔺婧带队赴常州、苏州调研，学院办公室、监察室、国际合作交流与教育培训中心相关人员陪同调研。

13 日 学院党委理论学习中心组召开第二次集中学习。

18 日 学院党委召开党史学习教育专题民主生活会，深入学习贯彻习近平新时代中国特色社会主义思想和党的十九届六中全会精神，对照“五个带头”查摆存在问题，提出整改措施，党委书记杜祥培主持会议并作总结讲话。

学院组织召开 2021 年度队伍建设考核工作会议，学院全体教职员工参加。

20 日 院长陈晖一行走访北戴河新区管委

并实地调研项目建设。

21 日　学院召开国家安全学学科专业建设第一次全体教师会议。院长陈晖出席会议并讲话。

22 日　学院召开马克思主义理论、法学学科第一次学科专业发展推进会，院长陈晖出席会议并讲话。

24 日　学院党委领导班子及各部门主要负责人以视频形式参加 2022 年全国海关工作会议、全国海关全面从严治党工作会议。

学院院长陈晖、纪委书记蔺婧分别带队到 9 位老党员、老干部家中进行慰问。

25 日　学院召开专题会议，迅速传达贯彻 2022 年全国海关工作会议、全国海关全面从严治党工作会议和全国海关纪检监察工作会议精神。

2 月

16—18 日　受满洲里、沈阳和宁波海关委托，学院举办 2022 年第二期处级领导干部学习贯彻党的十九届六中全会精神线上专题培训班，来自 3 个海关的 250 名处级领导干部参加了为期 3 天的线上培训。

18 日　秦皇岛市总工会党组书记、常务副主席孙宝旗一行来学院进行秦皇岛市“模范职工之家”授牌。

21 日　纪委书记蔺婧、副院长高建伟带队赴天津海关调研，双方探讨了联合开展产学研、申请相关科研项目、联合成立海关监管技术装备工程技术中心及联合实验室等具体事项，双方还就门户式辐射探测设备校验、业务培训、国际原子能机构协调研究项目、署级课题等工作进行了深入交流。

3 月

2 日　受沈阳海关委托，2022 年沈阳海关第三期处级领导干部学习贯彻党的十九届六中全会精神网络培训班在学院开班，77 名处级领导干部参加为期三天的线上培训。

2022 年第一期拟晋升关务督察衔级人员网络培训班开班。来自 15 个海关的 465 名学员参加了为期 10 天的线上培训。

3 日　北戴河机场党委书记单旭东一行到中国海关管理干部学院调研，双方就下一步深化党建、教育培训和自贸区建设等合作进行了深入而广泛的交流。

4 日　中国银行秦皇岛分行党委书记、行长韩录一行来中国海关管理干部学院调研，就下一步深化教育培训、党建共建、智慧校园等合作进行了深入的交流并达成初步合作意向。

7 日　2022 年第一期拟晋升关务督办衔级人员网络培训班在学院开班，来自 16 个海关的 343 名学员参加了为期 5 天的线上培训。

8 日　为庆祝“三八”国际劳动妇女节，学院妇委会举办了“品质女性形象的科学管理”专题讲座，学院近 30 名女教职工参加了讲座，副院长李纪东代表学院党委向广大女教职工致以节日的祝福。

9 日　学院召开全体教职工大会暨工会会员会议。

15 日　秦皇岛市体育局党组书记、局长肖凤利一行来中国海关管理干部学院调研，双方就下一步深化教体融合、海关国际培训和秦皇岛体育的结合、人才共享、提高学院体育设施利用率、提升冬季培训特色、党建共建进行了深入的交流并达成初步合作意向。

16 日 学院被秦皇岛市爱国卫生运动委员会授予秦皇岛市“卫生先进单位”荣誉称号。

党委书记、院长陈晖带队赴河北港口集团调研考察河北港口集团建设与发展情况，双方就口岸建设与发展、自贸试验区建设、数字经济及教育培训等方面的合作进行了深入而广泛的交流。

17 日 副院长李纪东带队开展疫情防控工作专项检查。

21—25 日 2022 年标法中心政治能力提升理论进修网上专题班在学院开班，来自标法中心的 25 名学员参加了为期 5 天的线上培训。

22 日 学院工会召开“2022 年度工会工作部署会”，副院长、工会主席李纪东出席会议，人事政工处主要负责同志以及全体工会委员、小组长参加了会议。

22—24 日 2022 年石家庄海关处级领导干部学习贯彻党的十九届六中全会精神线上专题培训班在学院开班，来自石家庄海关的 61 名学员参加了为期 3 天的线上培训。

31 日 2022 年石家庄海关第二期处级领导干部学习贯彻党的十九届六中全会精神线上专题培训班顺利结业，来自石家庄海关的 60 名学员经过 3 天的学习顺利完成了此次培训。

4 月

1 日 学院组织开展疫情防控应急演练。

院刊编辑部邀请燕山大学期刊社《教学研究》编辑部刘冰副编审来院作《论文审稿及编校的流程与常见问题解读》专题授课。

2 日 学院召开党史学习教育总结大会暨全面从严治党工作会议，全体教职工、合同制员工党员参加会议。

学院组织召开专项整治警示教育。

6 日 石家庄海关第三期处级干部学习贯彻党的十九届六中全会精神网络培训班在学院开班，来自石家庄海关的 57 名学员参加了为期 3 天的线上培训。

12 日 2022 年重庆海关第二期处级领导干部学习贯彻党的十九届六中全会精神网络培训班在学院开班，来自重庆海关的 108 名学员参加了为期 3 天的线上培训。

14 日 2022 年重庆海关第二期处级领导干部学习贯彻党的十九届六中全会精神网络培训班圆满结束，来自重庆海关的 108 名学员经过 3 天学习顺利完成了此次培训。

学院邀请秦皇岛市消防救援支队来院进行消防安全知识讲座。

15 日 在我国第七个“全民国家安全教育日”来临之际，学院国家安全学学科团队召开工作会议，研究海关监管理论与技术、跨境核安全管理两个专业前沿综述报告，讨论拟申报立项的署级科研课题和学院教学成果奖培育项目，院长陈晖、副院长高建伟出席会议。

学院保密委员会召开工作会议，会议由学院保密委员会主任、副院长李纪东主持，保密委员会成员及其办公室成员参加会议。

18 日 2022 年第一期新任职科长网络培训班在学院开班，来自 6 个海关的 420 名学员参加了为期 5 天的线上培训。

2022 年第二期拟晋升关务督察衔级人员网络培训班在学院开班，来自太原、长春、哈尔滨、杭州、青岛、长沙、兰州海关的 216 位学员参加了为期 10 天的线上培训。

2022 年第二期拟晋升关务督办衔级人员网络培训班在学院开班，来自太原、长春、哈尔滨、杭州、青岛、长沙、兰州海关的80位学员参加了为期5天的线上培训。

19日 学院组织召开督察审计自查工作专题会议，会议由院长陈晖主持，全体院领导、各部门负责人及相关人员参加会议。

学院巡视整改集中清查工作领导小组召开会议，传达《中国海关管理干部学院巡视整改集中清查工作实施方案》，并就相关工作进行了安排部署。

22日 2022年第二期拟晋升关务督办衔级人员网络培训班在学院圆满结束，来自太原、长春、哈尔滨、杭州、青岛、长沙、兰州海关的81位学员经过5天的线上培训学习，顺利完成了此次培训。

学院举办的2022年第一期新任职科长网络培训班顺利结业，来自呼和浩特、沈阳、哈尔滨、厦门、武汉、长沙海关的420名学员经过为期5天的培训，圆满完成学习任务，顺利结业。

24日 海港区白塔岭街道办事处党工委书记刘佳带队来学院调研，就共同建立联防联控机制，更好地服务海关教育培训工作进行座谈。白塔岭街道办事处副书记、主任段志强等相关领导参加调研活动。

25日 学院承办的第1期署管干部、总署机关处级干部学习贯彻党的十九届六中全会“线下+线上”轮训班顺利开班。总署政治部主任许大纯作开班讲话，中共中央党校李志勇教授围绕“两个确立”的依据和决定性意义作直播授课。

25—26日 全国海关学习党的十九届六中全会精神厅局级“一把手”集中学习班（线上）开班，总署政治部主任、党委委员许大纯作开班讲话，来自全国海关的厅局级“一把手”在线参加了培训。

26日 2022年厦门、黄埔、江门、贵阳海关处级干部学习贯彻党的十九届六中全会精神网络培训班在学院开班，共338名学员参加了为期3天的线上培训。

学院工会、团总支（青联）、图书馆举办“奋进新征程 建功新时代”读书分享和座谈活动。副院长、工会主席李纪东同志代表学院党委出席活动。

学院开展劳动节前安全检查和内务督察。

27日 2022年第二期拟晋升关务督察衔级人员网络培训班在学院圆满结束，来自太原、长春、哈尔滨、杭州、青岛、长沙、兰州海关的216位学员经过10天的在线培训学习，顺利完成了此次培训。

28日 2022年厦门、黄埔、江门、贵阳海关处级干部学习贯彻党的十九届六中全会精神网络培训班在学院圆满结束，共338名学员经过3天的在线培训学习，顺利完成了此次培训。

29日 2022年第一期署管干部、总署机关处级干部学习贯彻党的十九届六中全会“线下+线上”轮训班圆满在学院圆满结束，全体学员经过3天的在线培训学习，顺利完成了此次培训。

5月

6日 学院党委召开理论学习中心组（扩大）会议，学习贯彻习近平总书记考察中国人民大学时的重要讲话精神。

10日 2022年海关总署署管干部、总署各部门、各在京直属企事业单位处级领导干部学习贯彻党的十九届六中全会精神网络培训班（第二期）在学院顺利开班，此次培训采取“钉钉”直播方式授课，有300余人在线收看。

学院团总支（青联）组织团员观看庆祝中国共产主义青年团成立100周年大会。

秦皇岛市市委保密机要局局长郭忠义带队来学院调研，就加强共筑保密安全防线进行座谈，市委保密机要局二级调研员郭万好等相关领导参加调研活动。

学院承办的北京、福州、深圳、黄埔、江门、西安海关处级干部学习贯彻党的十九届六中全会精神网络培训班开班，共651名学员参加为期3天的线上培训。

12日 2022年海关总署署管干部、总署各部门、各在京直属企事业单位处级领导干部学习贯彻党的十九届六中全会精神网络培训班（第二期）全体学员经过3天在线学习，顺利结业。

学院承办北京、福州、深圳、黄埔、江门、西安海关处级干部学习贯彻党的十九届六中全会精神网络培训班，共651名学员完成为期3天的培训，顺利结业。

13日 北戴河新区管委会主任、二级巡视员王占胜带队来学院调研，就北戴河生命健康产业创新示范区和自贸区政策进行座谈。秦皇岛高新区副主任、北戴河新区招商工作局局长田力男等相关领导参加调研活动。

17日 2022年北京、呼和浩特、长春、哈尔滨、杭州、合肥、福州、长沙、深圳、成都、西安、兰州、银川海关处级干部学习贯彻党的十九届六中全会精神网络培训班在学院开班，来自13个海关单位的1280名学员参加了为期3天的线上培训。

2022年总署机关处级干部学习贯彻党的十九届六中全会精神网络培训班（第三期）在学院顺利开班，此次培训采取“钉钉”直播方式授课，有120余人在线参加了培训。

18日 纪委书记蔺婧、副院长高建伟带队赴秦皇岛海关调研，秦皇岛海关王慧民关长一行，学院监察室、办公室相关人员陪同调研。

20日 市级机关工作作风日常评议启动暨作风纪律专项整治工作推介会顺利在学院召开。

24日 2022年总署机关处级干部学习贯彻党的十九届六中全会精神网络培训班（第四期）在学院顺利开班，此次培训采取“钉钉”直播方式授课，有130余人在线参加培训。

2022年呼和浩特、长春、杭州等12个海关处级干部学习贯彻党的十九届六中全会精神网络培训班在学院开班，计有1120名学员在线参加了为期3天的培训。

院长陈晖主持召开2022年审计整改、自查工作会议，院领导、各部门负责人及相关工作人员参加了会议。

26日 呼和浩特、长春、哈尔滨、杭州、济南、郑州、长沙、深圳、黄埔、成都、兰州、西宁海关处级干部学习贯彻党的十九届六中全会精神网络培训班结业，来自12个海关单位的1120名学员完成了为期3天的线上培训。

国家税务总局秦皇岛市税务局局长王宏顺带队来学院调研。秦皇岛市税务局副局长张银国、海港区税务局局长武玉才等相关领导参加调研活动。

27日 秦皇岛市直机关2022年度第一期

党员发展对象培训班在学院开班。来自市直机关、企事业单位的 140 名学员参加了为期 3 天的培训学习。

28 日 学院组织开展“迎六一”秦皇岛北戴河机场亲子共建活动，学院 43 名在编教职工及子女赴秦皇岛北戴河机场开展“迎六一”亲子共建活动。

6 月

1 日 中信戴卡股份有限公司党委副书记李梅生带队来学院调研，就教育培训等合作进行座谈。中信戴卡股份有限公司人力资源部负责人李建业参加调研活动。

2 日 学院开展“端午节”前安全大检查。

7 日 由学院海关防辐射探测培训处与中国原子能科学研究院核应用技术研究所联合申报的国际原子能机构全球协调研究项目（Global Coordinated Research Program，CRP）正式获批立项，研究周期为 2022 年至 2025 年。

西宁海关处级干部、郑州海关科级干部学习贯彻党的十九届六中全会精神网络培训班在学院开班，共计 331 名学员在线参加了为期 3 天的培训。

10—12 日 中国银行股份有限公司秦皇岛分行深入贯彻落实十九届六中全会精神暨基层党组织书记政治能力提升培训班在学院举办。来自中国银行股份有限公司秦皇岛分行的 59 名学员在学院参加了为期 3 天的培训学习。

14 日 厦门海关新任职科长网络培训班在学院开班，90 名学员在线参加了为期 15 天的培训。

15 日 湛江海关处级干部学习贯彻党的十九届六中全会精神专题网络培训班在学院开班，86 名学员在线参加了为期 3 天的培训。

17 日 秦皇岛市海事局工会主席王阳一行 6 人来学院进行工作交流。

20 日 2022 年第一期年轻干部党的理论和党性教育网上研修班二班（政治能力提升计划）在学院开班，学院党委书记、院长陈晖作开班讲话。来自全国海关的 52 位执法一线科长在线上完成了 30 天的培训。

南京、汕头海关核生化爆反恐技能线上培训班在学院开班，本次培训班为期 3 天，共有 96 名监管一线关员参加。

27 日 学院与白塔岭街道办事处联合开展迎“七一”巧手剪纸颂党恩活动，学院教职工代表和白塔岭街道办事处党员代表共计 20 余人参加了活动。

28 日 海关贸易管制政策与实践线上培训班在学院开班，本次培训班为期 3 天，共有来自 10 个海关的 210 名学员参加培训。

2022 年厦门海关新任职科长网络培训班在学院顺利结业。来自厦门海关的 90 名学员经过为期 15 天的培训任务，顺利结业。

院长陈晖带队赴中铁山桥“先锋先行”百年红桥文化示范基地开展党性教育实践活动。

29—30 日 纪委书记蔺婧应邀参加联合国亚洲及太平洋经济社会委员会（ESCAP）举办的跨境无纸化贸易便利化法律问题网络研讨会。

7 月

2 日 学院领导以视频的形式参加 2022 年全国海关年中工作会议。

4日 2022年第一期海关兼职教师教学能力提高班在学院开班，来自北京海关、呼和浩特海关、满洲里海关和长沙海关的170名学员在线上完成了5天的培训。

5日 河北省大督查第四督查组组长赵增华带队来学院调研，就发挥中国海关管理干部学院优势，助力一流国际旅游城市建设进行座谈，秦皇岛市大督查办副主任陈艳玲参加调研活动。

6日 秦皇岛市海港区委书记张士兆带队来学院调研，就加强院校与地方合作事宜进行座谈交流。区委副书记、区长鲍成超参加调研活动。

7日 党委书记、院长陈晖带队赴应急管理部北戴河康复院进行调研，双方就合作事宜进行了沟通交流。

8日 学院工会派员踊跃参加河北省总工会组织的“中国梦劳动美——喜迎二十大，建功新时代”河北省职工“云”上运动会，其中由岳克东、孙其龙、侯铭伟、王治有等同志组成的代表团日达标率达到97.3%，位居市直工会单位前列，为学院赢得市直工会5000元经费奖励。

11日 贵阳海关新任职科长网络培训班在学院开班，45名学员在线参加为期15天的培训。

13日 学院组织开展“走好第一方阵，我为二十大作贡献”系列党课活动。

19日 济南市反走私综合治理能力提升培训班在学院开班，共计80人参加了为期6天的培训。

21日 受北戴河新区管委会邀请，学院纪委书记蔺婧同志赴北戴河新区开展“自由贸易试验区与秦皇岛市经济发展”专题授课，专题讲座由北戴河新区高新区副书记、党群工作部部长王春雨同志主持，新区产业研究院、发展改革局、财政局、健康城办、城市管理综合执法局、工商局、政策落地办等16个机关单位共240余人参加讲座。

21—22日 国家核安保技术中心副主任陈芳雷带队来学院调研交流，双方就教育培训、党建、科研等方面进行了深入而广泛的交流，此次调研交流进一步深化了双方在核安保、核技术应用领域的合作。

25日 2022年贵阳海关新任职科长网络培训班在学院顺利结业。

2022年第二期海关兼职教师教学能力提高班在学院开班，来自长春海关、哈尔滨海关、江门海关、昆明海关的139名学员在线上完成了为期5天的培训。

26日 秦皇岛经济技术开发区管委会副主任、综合保税区管委会常务副主任李刚带队来学院调研，就院地建立沟通交流机制、承办重大国际交流活动、争取政策支持等方面进行座谈交流。

27日 学院国际合作交流与教育培训中心撰写的《全球产业链供应链加速重构 我国挑战与机遇并存》一文在海关总署相关载体刊登，实现了学院在该领域零的突破。

29日 2022年第二期海关兼职教师教学能力提高班在学院结业，来自长春海关、哈尔滨海关、江门海关、昆明海关的139名学员完成了为期5天的线上培训。

30日 学院与对外经济贸易大学签署战略合作协议。学院党委书记、院长陈晖，纪委书记蔺婧和对外经济贸易大学校长夏文斌，校长助理、国内合作办公室主任王强出席签约仪式。

8月

5日 秦皇岛市旅游和文化广电局党组书记、局长乔树荣带队来学院调研，就院地建立沟通机制、智库建设、举办论坛、旅游人才能力建设等方面进行座谈交流。

7—10日 纪委书记蔺婧一行4人赴贵阳就“贵阳综合保税区设立进境肉类、水果、粮食指定监管场地可行性研究报告”项目编制工作进行调研。

12日 院长陈晖带队赴海关总署监管技术研究中心项目（北区）调研，副院长高建伟、后勤保障处处长王立新、基建办和餐厅相关人员参加调研。

15日 2022年海关新任职处级领导干部网络培训班在学院开班。来自天津、呼和浩特、郑州、成都、贵阳5个海关单位的136人围绕习近平新时代中国特色社会主义思想、政治能力、业务能力、执法能力4个教学模块在线学习。

秦皇岛市发展和改革委员会副主任李玉堂带队来学院调研，就院地建立沟通机制、院地务实合作、开发利用学院智库优质资源等方面进行座谈交流。

2022年深圳海关、成都海关新任职科级领导干部网络培训班在学院顺利开班，此次培训采取“钉钉”直播方式授课，共有373人参加此次培训。

中国银行秦皇岛分行2022年新员工入职培训班在学院开班，来自中国银行秦皇岛市各分行的20名学员在学院参加了为期8天的封闭式培训。秦皇岛分行人力资源部梁宝刚主任出席开班仪式并讲话。

15—23日 学院积极响应秦皇岛市号召，参加“爱国卫生周”活动，有力支持了秦皇岛市创建全国文明城市工作。

16日 2022年总署新任职副处级领导干部培训班在学院开班，来自总署机关及参公事业单位的77名干部参与了此次任职培训。其中，66名处级领导干部参加了为期12天的集中培训和18天的线上脱产培训，有11名处级领导干部全部参加线上脱产培训。学院党委书记、院长陈晖出席开班式并致辞。

23日 山东省临清市政府党组成员、打私办主任汪震一行来院调研，就反走私综合治理培训、课题研究、宣传等方面进行座谈交流。

副院长李纪东主持召开2022年海关新录用公务员初任培训专项工作准备会，学院初任培训工作领导小组成员参加会议。

29日 纪委书记蔺婧应邀出席第十届亚太贸易便利化论坛，与各方专家共同研究讨论联合国亚洲及太平洋经济社会委员会（ESCAP）和联合国欧洲经济委员会（UNECE）有关联合国亚洲及太平洋无纸贸易和运输专家网络（UNNExT）工作执行情况及2022—2023年工作计划等。

总署召开2022年海关初任培训工作部署视频会，海关总署政治部主任许大纯出席会议并讲话。学院副院长、初任培训工作领导小组副组长李纪东，以及初任培训工作领导小组组长参加了会议。

30日 学院助力中国海关获得亚太贸易便利化论坛2022年度贸易便利创新奖。

副院长李纪东主持召开2022年海关新录

用公务员初任培训疫情防控工作推进会，初任培训疫情防控保障组成员及相关负责人参加会议。

学院参加2022年海关初任培训班第一次线上工作协调会。

31日 杭州海关口岸监管环节亚运安保反恐怖工作能力提升线上培训班在学院开班。本期培训班为期3天，共有杭州海关监管现场60名关员参加培训。

9月

2日 2022年海关系统新录用公务员初任培训通过“钉钉”网络直播的方式举行开班式，来自16个海关单位的332名学员在学院参加了为期28天的培训。

学院张华同志参加秦皇岛市直机关第一次妇女代表大会，来自市直机关的53名代表，代表市直机关70多个基层妇女组织，集聚一堂，共商市直机关妇女事业发展大计。

3日 全国海关教育培训中心刘春燕主任一行专程来到学院，检查指导初任培训准备情况，学院领导及相关负责同志全程陪同。学院党委书记、院长陈晖代表学院初任培训工作领导小组汇报了学院在突出政治引领、完善工作机制、做好疫情防控、强化学风建设、保证教学质量、抓好准军建设、加强科技保障和后勤保障8个方面的具体准备工作情况，简要汇报了学院上半年的培训情况。

5日 院纪委组织召开纪检干部工作会议，传达王林组长在部分海关单位纪检监察工作座谈会上的讲话。

6日 由中国海关管理干部学院、中国报关协会主办，海关总署综合业务司指导的2022年出口管制合规论坛在河北省秦皇岛市举行，论坛开幕式环节后，秦皇岛市海港区人民政府与中国海关管理干部学院签订战略合作框架协议，中国海关管理干部学院与中国报关协会签署战略合作备忘录。

8日 学院蔺婧、刘欣侠两位同志被聘为秦皇岛市建设一流国际旅游城市智库专家。

学院召开加强新时代廉洁文化建设暨警示教育大会。党委书记、院长陈晖在讲话中回顾了我们党开展党风廉政建设和反腐败斗争的历程，分析了当前党风廉政建设和反腐败斗争的复杂形势，并对学院统筹“三不腐”一体推进，打造风清气正的廉洁校园进行了部署安排。

9日 学院召开庆祝教师节表彰大会，学院全体教职工、离退休老同志及合同制职工代表参加。

10日 学院党委书记、院长陈晖带队检查学院中秋节值班工作并慰问值班员和初任培训学员。

12日 学院组织开展疫情防控应急演练，本次演练模拟了初任培训学员在院期间被确定为新冠确诊病例密切接触者的处置流程，包括学院疫情防控工作领导小组成员、初任培训学员管理组成员、后勤保障处相关人员和初任培训学员在内的50余人参与了演练。

13日 学院组织开展消防安全讲座和安全疏散演练活动。全体初任培训学员、班主任、后勤保障人员共300余人参加了本次演练，学院邀请了秦皇岛市消防救援支队海滨路消防救援站副中队长吴帅克为全体初任学员讲授消防知识，详细介绍了逃生注意事项和方法。

14日 学院开展疫情防控工作专项检查，

检查组深入各处室调阅疫情防控“日报告”台账、出行审批单等资料，实地检查了门卫、餐厅、物资储备库、隔离室等重点区域。

16 日 监管技术研究中心派员参加口岸监管司大型监管设备运行维护工作线上研讨会。

19 日 2022 年第三期拟晋升关务督办衔级人员网络培训班在学院开班，来自北京海关、沈阳海关、合肥海关等 7 个海关单位的 97 名学员在线上参加了为期 5 天的培训。

2022 年第三期拟晋升关务督察衔级人员网络培训班在学院开班，来自北京海关、沈阳海关、哈尔滨海关等 11 个海关单位的 320 名学员在线上参加了为期 10 天的培训。

2022 年第一期海关处级领导干部专业化能力提升网上培训班在学院开班，来自北京海关、石家庄海关、深圳海关、重庆海关、江门海关等 10 个海关单位的 1106 名学员在线上参加了为期 5 天的培训。

20 日 学院党委理论学习中心组进行 2022 年第四次集体学习，深入学习《习近平谈治国理政》第四卷。院长、党委书记陈晖主持会议并讲话，院党委班子成员及各处室主要负责同志参加了会议。

21 日 院长陈晖带队赴海关总署监管技术研究中心项目（北区）调研，副院长高建伟、办公室及基建办相关人员参加调研。

27 日 2022 年海关系统新录用公务员初任培训结业式在中国海关管理干部学院举行，海关总署政治部主任、党委委员许大纯出席结业式。

28 日 2022 年第三期拟晋升关务督察衔级人员网络培训班在学院顺利结业，来自北京海关、沈阳海关、哈尔滨海关等 11 个海关单位的 303 名学员完成了为期 10 天的线上培训。

学院召开传达许大纯主任来院调研指导讲话专题会议。

学院组织召开“欢度九九重阳节”退休人员座谈会，院长陈晖、副院长李纪东、相关部门负责人及退休教职工代表参加了会议。

28—30 日 经海关总署批准，学院纪委书记蔺婧应邀参加联合国欧洲经济委员会（UN-ECE）农业质量标准工作组相关线上会议。会议组织修订了相关农产品质量标准，并就可持续发展目标及实践等展开讨论。

29 日 副院长李纪东部署学院在党的二十大期间网络安全保障工作。

副院长高建伟带队在全院范围内开展国庆节前安全检查工作。

10月

1 日 院长陈晖检查学院国庆节期间值班工作。

10 日 2022 年石家庄海关新任职科长网络培训班在学院开班，来自石家庄海关的 124 名学员在线上参加了为期 5 天的培训。

2022 年第二期海关处级领导干部专业化能力提升网上培训班在学院开班，来自北京海关、石家庄海关、呼和浩特海关、上海海关、合肥海关等 10 个海关单位的 1014 名学员在线上参加了为期 5 天的培训。

党委书记、院长陈晖到各处室检查学院疫情防控以及疫情封控期间各处室各岗位到岗和工作开展情况。

14 日 学院党委理论学习中心组召开学习会议，进一步深入学习贯彻习近平总书记在省部级主要领导干部专题研讨班上的重要讲话精神和党的十九届七中全会精神。会议由党委书记、院长陈晖主持，院党委班子成员、各部门主要负责人参加会议。

16日 中国海关管理干部学院党委班子成员、各部门主要负责人集中收听收看党的二十大开幕会，学院党委书记、院长陈晖就学院迅速学习宣传贯彻党的二十大精神进行了要求部署。学院党委召开专题党委会议、各党支部组织支部学习，第一时间围绕党的二十大精神进行了交流研讨。

18日 学院党委理论学习中心组召开集体学习（扩大）会议，党委书记、院长陈晖领学党的二十大报告，并就学院学习宣传贯彻工作进行安排部署，学院党委班子成员、副处级及以上领导干部参加了会议。

19日 党委书记、院长陈晖带队赴北戴河新区考察调研招商政策、项目落地条件、科研环境及装备制造产业基础情况。

党委书记、院长陈晖带队赴秦皇岛经济技术开发区考察调研招商政策、项目落地条件、科研环境及装备制造产业基础。

20日 纪委书记蔺婧带队赴海关总署监管技术研究中心项目开展督导检查。

24日 2022年第四期兼职教师教学能力提升培训班在学院开班，来自石家庄海关、济南海关和贵阳海关3个海关单位的121名学员在线参加了为期5天的培训。

学院党史党建专业青年教师自发组织学习研讨党的二十大精神，学院党史党建专业青年教师、干部教育专业学带头人、团总支代表共13人参与了本次交流活动。

25日 河北省科技厅副厅长李华峰来到学院调研“海关总署监管技术研究中心”项目及国际科技合作交流与平台建设情况并召开座谈会，学院党委书记、院长陈晖出席活动。

26日 党委书记、院长陈晖带队赴秦皇岛市海港区考察调研产业发展、项目落地条件、科研环境及装备制造产业基础。

2022年国家税务总局秦皇岛市税务局纳税服务业务培训班在学院开班，来自秦皇岛市税务局的23名学员参加了为期2天的线下培训。

中央、省驻秦新闻媒体走进中国海关管理干部学院，调研学院发展史、行业优势、“三中心一平台”的建设、全国反走私调查中心秦皇岛分中心以及海关总署监管技术研究中心项目建设情况，并就建立长效沟通机制，共同做好宣传海关、学院、国际合作交流以及系列论坛等方面的交流座谈。秦皇岛市委宣传部马芳，新华网、凤凰网、长城网主要负责同志参加了调研活动。

31日 学院职工书屋被河北省总工会授予“2022年省级工会职工书屋”荣誉称号。

11月

1日 2022年海关系统新录用公务员初任培训（第二期）通过“钉钉”网络直播的方式举行开班式，来自11个海关单位的150名学员在学院进行了为期28天的培训。

7日 院长陈晖应邀参加在重庆举办的中荷（兰）海关年度署级会晤暨中荷海关能力建设30周年庆祝活动。会上，在海关总署王令浚副署长、荷兰王国海关局局长塞尔文、荷兰驻华大使贺伟民先生的见证下，院长陈晖与荷兰王国海关局国际司司长英格博斯云签署《中国海关管理干部学院与荷兰王国海关局国际司合作协议》，并在中荷海关合作“能力建设”

议题环节发言。该协议是学院首次与国外海关单位签署合作协议，对于推动建设海关特色、国际先进、国内一流的干部学院具有重要意义。

7—8日 纪委书记蔺婧、副院长高建伟线上参加亚欧会议“智慧海关、智能边境、智享联通”国际研讨会，海关监管技术研究处、海关防辐射探测培训处相关同志陪同参会。

9日 2022年海关系统新录用公务员初任培训（第二期）初任四班通过“钉钉”线上直播的方式举行开班式，来自北京海关的2名学员和厦门海关的41名学员，以及1名厦门海关带班干部，在学院参加了为期28天的培训。

11日 副院长李纪东带队对初任培训疫情防控工作开展专项检查，办公室、后勤保障处相关人员陪同检查。

14日 2022年第三期海关新任职科级领导干部培训班在学院开班，来自哈尔滨、厦门、拱北、昆明、兰州5个海关单位的284名学员在线参加了为期5天的培训。

2022年深圳海关年轻执法一线科长理论进修网上脱产培训班在学院开班，来自深圳海关的55名学员在线参加了为期5天的培训。

14—16日 纪委书记蔺婧应邀参加联合国欧洲经济委员会第77次农业质量标准工作组会议。

15日 学院召开疫情防控工作领导小组会议，学院疫情防控工作领导小组全体成员参加会议。

16日 学院召开2022年度科研工作会议。

17日 学院召开学习宣传贯彻党的二十大精神大会，传达中央精神和总署党委有关要求，对学院贯彻落实工作进行安排部署，党委书记、院长陈晖宣讲党的二十大精神。

海关防辐射探测培训处派员参加2022年中哈海关防范核材料和放射性物质等非法贩运合作工作会议。

党委委员、副院长李纪东宣讲党的二十大精神。

18日 党委委员、副院长高建伟宣讲党的二十大精神。

党委委员、纪委书记蔺婧到监察室党支部宣讲党的二十大精神。

21日 哈尔滨海关、满洲里海关口岸核生化反恐技能线上培训班在学院开班，本次培训班为期5天，共有95名监管一线关员参加。

2022年拱北海关新任职处级领导干部网上培训班在学院开班，来自拱北海关的22名学员在线参加了为期5天的培训。

2022年长春海关年轻干部及科级干部党的理论和党性教育网络培训班在学院开班，来自长春海关的61位学员在线参加了为期5天的培训。

2022年第三期海关处级领导干部专业化能力提升网上培训班在学院开班，来自大连、哈尔滨、银川3个海关单位的265名学员在线参加了为期5天的培训。

22日 学院召开制度建设工作专题会议，各部门按照学院制度建设专项工作要求，汇报了制度“立、留、改、废”完成情况，院领导对相关工作进行了点评。

23日 由总署综合业务司主办，学院承办的全国海关出口管制执法线上培训班开班。学院副院长高建伟、综合业务司规范标准处处长周亚菡、世界海关组织战略贸易管制执法专家Vesna Vrachar出席开班式并致辞，本次培训全程由世界海关组织战略贸易管制执法专家授课，来自全国43个直属海关单位的100名学员在线参加了为期3天的培训。

2022年第二期新关员初任培训班“青春心向党，献礼二十大”演讲比赛圆满落幕，本次比赛共评出一等奖1名、二等奖2名、三等奖2名和优秀奖3名。

23—24日 学院组织了三场2022年海关系统新录用公务员初任培训（第二期）海关行政执法资格考试，来自北京海关等12个海关单位的190名学员参加了考试。

25日 学院工会副主席、妇委会主任张华受秦皇岛市妇联、市直机关妇联邀请，以腾讯会议直播授课方式，为全市妇女干部讲授“品传统家训·扬清廉家风”专题讲座。

24—25日 学院举办党委理论学习中心组（扩大）学习暨党的二十大精神专题学习班。受疫情影响，本次学习采用“线下+线上”相结合的方式，分为宣讲大会、分组研讨、交流发言三个部分。学院全体党员干部按照“三个全面”的要求，集中用一天半的时间全面学习党的二十大精神，全面把握其中蕴含的重要思想、重要观点、重大战略、重大举措，结合学院工作实际抓好全面落实。

28日 2022年西宁海关处级领导干部专业化能力提升网上培训班在学院开班，52名学员在线参加了为期5天的培训。

29日 2022年郑州海关年轻干部党的理论和党性教育网络培训班在学院开班，132名学员在线参加了为期3天的培训。

12月

1日 2022年海关新录用公务员初任培训班（第二期）结业式通过视频连线方式进行，在海关总署设主会场，总署安定门外办公区、中国海关管理干部学院和11个直属海关设分会场。海关总署政治部主任、党委委员许大纯，人教司、教培中心有关同志出席了结业式。来自总署机关和11个直属海关单位的192名学员，以及全体带班干部，相关工作人员在各会场参加结业式。

2日 学院召开学习宣传贯彻党的二十大精神专题工作会议，会议由院长陈晖主持，纪委书记蔺婧、副院长高建伟出席，有关部门负责同志参加。

7日 2022年纪检监察干部网络培训班在学院开班，来自长春、厦门、重庆、银川海关的68名纪检监察干部在线参加了为期2天的培训。

学院国际合作工作小组召开会议，纪委书记蔺婧出席会议并讲话。会议研究讨论了2022年第12期公平贸易信息月报文稿，对下一步国际合作工作进行了部署。

学院海关与国家安全研究中心召开首次工作会议，全面启动中心各项工作。学院纪委书记、海关与国家安全研究中心主任蔺婧出席会议，学院国家安全学学科教师团队参加了本次会议。

8日 由总署口岸监管司主办、学院承办的全国海关《濒危野生动植物种国际贸易公约》履约执法线上培训班开班。学院副院长高建伟、口岸监管司监管四处处长李刚、联合国濒危野生动植物种国际贸易公约秘书处专家Sofie Hermann Flensborg出席开班式并致辞。

学院青年教师侯永明应邀线上参加在布鲁塞尔召开的WCO第17届“海关学术研究与发

展伙伴关系会议”（PICARD 大会），并在会议“新技术强化海关职能”单元作题为“辐射探测技术检测核材料、放射性物品、禁限品，促进贸易安全与便利化”的学术报告。

9 日 学院召开群团工作学习交流会，围绕深入学习党的二十大精神，以“守正创新担使命、凝心聚力齐奋斗”为主题进行交流研讨。

13 日 由总署综合业务司、学院联合主办的联合国第 1540 号决议海关执法线上培训班开班。学院副院长高建伟，综合业务司规范标准处处长周亚菡，联合国 1540 委员会主席、特命全权大使 Juan Ramon de la Fuente Ramirez 先生的代表——主席办公室、墨西哥常驻联合国代表团副政治协调员 Eduardo Alcibiades Sanchez Keisslich 先生出席开班式并致辞。

14 日 由学院和总署口岸监管司联合主办的国际原子能机构大型公共活动海关核安保培训班开班。本期培训班由国际原子能机构专家全程授课，来自全国 43 个直属海关单位的 98 名学员在线参加了为期 3 天的学习。

14—16 日 学院派员赴海口海关“送教上门”。

15 日 党委召开党风廉政建设专题工作会议，会议学习传达了习近平总书记关于党风廉政建设工作的重要讲话精神，听取了学院“海关重点项目和财物管理以权谋私”专项整治总体工作情况、2022 年学院党风廉政建设工作情况以及科研管理、信息化建设、财务管理、采购招标及工程建设工作专项整治整改工作情况。

21 日 由学院科技信息处主持和承担的署级科研项目“海关检查设备知识可视化积件系统研究”顺利通过海关总署验收。

28 日 经河北省科技厅评审及公示，学院申报的“国际贸易安全与便利化技术应用国际联合研究中心”被认定为 2022 年度河北省国际科技合作基地，助力河北省科技创新合作水平提升再添新翼。

29 日 副院长李纪东主持召开学院年鉴编写工作会议，会同相关人员对年鉴编写体例、内容、总署关史办修改意见、下一步修改方案等逐一进行全面梳理，研究提出具体修改意见。

30 日 学院开展元旦节前安全检查。

第四篇

党的建设

党建工作

▲2022 年 7 月 4 日，学院党委书记、院长陈晖讲“七一”党课

【概况】2022 年，中国海关管理干部学院研究制订《中国海关管理干部学院关于学习宣传贯彻习近平总书记考察中国人民大学时重要讲话精神工作实施方案》，以习近平总书记“扎根中国大地办大学，走出一条建设中国特色、世界一流大学的新路”要求指导学院工作。统筹开展“学查改”专项工作与政治机关建设专项教育活动，查找 8 个方面主要问题，制定整改措施 30 项，全部整改完成。制订《完善治理体系提升治理能力工作方案》，深入贯彻“党的领导、依法治校、专家治学、民主管理、纪律严明”治理结构，通过“立、留、改、废”专项工作梳理规章制度 237 条，健全完善规章制度。制订“十四五”校园文化建设方案，凝练学院核心价值理念，更新学院宣传片、宣传册，构建学院浓厚文化氛围。启动校志编写工作，挖掘传承学院历史文化。制定《学院党委 2022 年工作要点》，每季度下发支部工作指导意见。开展党支部落实“三会一课”等组织生活制度及重点工作专项督导，了解和掌握学院基层党建工作情况。开展述职评议考核，将考核结果作为评定“四强”党支部、党建项目支持的重要依据，倒逼责任落实。调整支部设置、规范支部运行、加强典型推广、强化品牌带动，开展党建“双提升行动”。制定《学院党委巡察工作办法（试行）》，推进全面从严治党向基层延伸、向纵深发展。迎接总署现场审计、组织学院内部审计，推动整改落实。精准规范开展问责，对学院审计自查发现风险问题等相关责任人员进行通报

批评、谈话提醒 11 次。落实意识形态工作责任制，加强课堂、教材、讲坛、刊物、网站等意识形态阵地建设与管理。结合总署巡视整改集中清查工作，制定 14 项工作措施，持续做好中长期整改。

【党委理论学习中心组学习】2022 年，学院于年初制订党委理论学习中心组年度学习计划，为规范党委理论学习中心组学习提供依据。学院党委根据《海关系统党组（党委）理论学习中心组学习细则》，进一步健全完善党委理论学习中心组学习考勤、集体研讨、专题调研、学习通报等制度，认真抓好考勤、请假、笔记、考核等环节的落实，全年安排集中学习 8 次。党委理论学习中心组成员结合分管工作和个人实际，认真学习指定书目和材料，精心准备发言提纲，积极开展研讨交流，以实际行动带动学院形成崇尚学习研究的浓厚氛围。组织学习过程中，认真登记参加人员、缺席人员、缺席原因等情况，确保全员参加学习，提升理论水平。学院党委坚持不懈用习近平新时代中国特色社会主义思想武装头脑、指导实践、推动工作，第一时间将中央最新精神和总署有关要求纳入党委理论学习中心组学习计划。结合政治机关建设专项教育活动，深化党的十九届六中全会精神学习，用好权威学习读本并及时做好《习近平谈治国理政》第四卷的学习，深入学习习近平总书记在省部级主要领导干部专题研讨班上的重要讲话精神，为学习宣传贯彻党的二十大精神奠定思想和理论基础。党的二十大召开后，紧紧围绕学习宣传贯彻党的二十大精神，着力在学懂弄通做实上下功夫。将党的二十大精神学习作为 2022 年党委理论学习中心组的重点内容，先后组织开展 3 次学习。组织收听收看党的二十大现场实况，在党的二十大召开后第一时间组织召开集体学习，党委理论学习中心组成员交流学习体会。参加总署党委理论学习中心组（扩大）学习暨司局级主要负责同志学习贯彻党的二十大精神专题培训班，围绕总署党委提出的“12 个必”和“铸忠诚、担使命、守国门、促发展、齐奋斗”研究贯彻落实措施。组织召开学院党委理论学习中心组（扩大）学习暨党的二十大精神专题学习班，邀请党的二十大代表，河北环境工程学院党委副书记、院长李晓华进行宣讲，以党支部为单位开展交流研讨，党委班子成员、领导干部和党员代表分别结合分组讨论成果进行学习汇报。利用学院教

▲2022 年 11 月 18 日，学院党委委员、副院长李纪东讲学习宣传贯彻党的二十大精神专题党课

学资源，将党委理论学习中心组作为教育培训的延伸，采用不同的学习方式开展集中学习。选取《党的二十大报告辅导读本》等权威理论辅导和形势政策教育学习资料提供给中心组成员。创新学习方式，利用“钉钉”学习平台、“学习强国”等网络资源，拓展学习的广度和深度，提高学习的质量和效果。学院党委坚持把加强理论学习同学院建设实践相结合起来，通过学习指导学院工作。党委理论学习中心组成员1篇理论文章被编入总署相关载体。通过学习，对学院党的建设、教育培训工作等方面存在的突出问题研究解决办法，为学院建设发展提供工作思路，推进学习理论和指导实践相结合。

【“学查改”专项行动】2022年，中国海关管理干部学院推进“学查改”专项行动，深化学习研讨，领会习近平总书记重要指示批示精神和党中央经济工作决策部署。根据总署2022年机关党建工作会议要求，学院着重抓好学习研讨环节。学院党委第一时间召开党委会议学习中央经济工作会议精神、学习习近平总书记在中央全面深化改革委员会第二十五次会议上的重要讲话精神，重点围绕习近平总书记在2021年中央经济工作会议上阐述的四条规律性认识、七个方面政策取向、五个重大理论、实践问题等开展学习讨论，研究疫情影响下教育培训工作的开展。突出抓好在职党员、群团组织和离退休老党员等群体的学习教育，确保全面参与、全员覆盖。各党支部通过“三会一课”、开展主题党日等形式，组织党员干部深入研读习近平总书记在历次中央经济工作会议上的重要讲话精神、《论把握新发展阶段、贯彻新发展理念、构建新发展格局》，结合学习贯彻习近平总书记对海关工作的重要指示批示精神，深刻理解习近平经济思想的重大意义、核心要义、丰富内涵、实践要求，召开学习研讨10次。下发《中共中国海关管理干部学院委员会关于做好2022年第2季度党支部工作的指导意见》，将学习内容纳入基层党支部工作指导。组织开展党建工作督查，对各党支部学习情况进行成果检验，确保学习入脑入心，要求落地落实。聚焦主责主业，多方位多角度保证习近平经济思想“进教材、进课堂、进头脑”。学院充分发挥海关系统干部教育培训主阵地作用，把习近平经济思想作为重要教学内容，开展专题培训，开设专题课程。邀请天津大学马克思主义学院副院长张宇教授、天津财经大学马克思主义学院院长丛屹教授等专家学者开设“攻坚克难，破浪前行——2021年中央经济工作会议精神深度解读”“新阶段、新理念、新格局：习近平经济思想的持续发展”等课程，在年轻干部党的理论和党性教育研修班二班、新任职副处长培训班、执法一线科长（基层党支部书记）党建和管理培训示范班、初任培训等主体班次中授课10余期。创新教学形式。为进一步推进习近平经济思想真正进头脑，学院创新教学形式，组织开展专题研讨、读书分享会、集体政治生日主题活动等形式多样、联系实际、互动丰富的教学活动，加深学习效果。学员通过撰写心得体会，认真思考、积极投入，有效提升教育培训效果。编制学习资料。购置《习近平经济思想学习纲要》等辅导读本200余册，同时考虑2022年主体班次培训班以网络培训为主，将习近平总书记重要文章、重要讲话编制成电子版学习资料，通过“钉钉”平台发送给学员作为学习材料，督促指导学员开展自学。做好阐释研究。聚焦学科专业建设，将马克思主义理论学科建设摆在突出位置，引进博士1名，筹建习近平新时代中国特色社会主义思想研究中心。聚焦“国之大者”，对习近平总书记重要指示批示精神和党中央经济工作决策部署进行深入研究，及时反映重要思想理论动态，提出有价值的对策建议。立足干部教育培训工作实际，做好党的思想理论研究、宣传、阐释。统筹推进，开展捍卫“两个确立”、做到“两个维护”、强化政治机关建设专项教育活动。根据总署党委要求部署，学院将“学查改”专项工作与政治机关建设专项教育活动一体谋划、一体部署、一体推进，将学习、查摆、整改工作贯穿始终。组织领导。政治机关建设专项教育活动开展以来，学院党委把握正确政治方向，迅速研究印发《中国海关管理干部学院开展捍卫“两个确立”、做到“两个维护”、强化政治机关建设专项教育活动方案》，明确目标原则、方法步骤、相关要求。突出党委主体责任，坚持问题导向、目标导向、结果导向，成立专项教育活动领导小组，下设办公室，先后通过党委会、形势分析及工作督查例会研究部署4次，抓紧抓实各项工作，学习提高。深入学习习近平总书记关于加强党的政治建设的重要论述，全面提高党员干部政治素质，先后组织党委理论学习中心组学习2次，党支部“三会一课”、主题党日等学习研讨20余次。“五四”青年节前夕开展“奋进新征程　建功新时代”读书分享暨“五四”青年节座谈活动，青年教职工围绕推动一流政治院校建设分享学习感悟。组织开展离退休党支部学习交流活动，听取退休老同志意见建议。整改落实。结合学院教育培训具体工作，从教学、科研、内部管理等方面进行问题查摆，系统梳理各个岗位的政治要求、存在问题，制定整改措施。学院党委重点围绕“四个是否”及“六对照六看六查”，进行问题检视，共查找出8个方面主要问题，制定整改措施30项，于2022年年底前全部整改完成。

【基层党支部建设】2022年，中国海关管理干部学院始终以党的政治建设为统领，把“双提升”行动作为学院基层党建工作的抓手，坚持问题导向、目标导向相统一，紧扣政治功能强、支部班子强、党员队伍强、作用发挥强，强意识、强能力、强作风。突出工作重点，聚焦深化党建品牌创建、岗位练兵等6方面重点工作，以点带面提升整体实效。完成总署党建品牌复核，教育培训处党支部和海关防辐射探测培训处党支部顺利通过复核。其他党支部按照“一支部一品牌，一品牌一特色”要求，紧扣支部实际，突出党建和业务深度融合、体现业务特点，紧扣支部工作实际及部门职责任务，充分凝练本支部的品牌名称及支部工作法。选派1名专职党务干部参加总署岗位练兵。注重统筹推进，将“双提升”行动融入“学查改”专项工作、政治机关建设专项教育活动，持续拓展工作广度深度，党支部学习研讨20余次。将“双提升”融入培训工作，在新任职科级领导干部中组织“坚持问题导向和大抓基层的鲜明导向，建设有效实现党的领导的坚强战斗堡垒”等专题辅导。坚持问题导向，强化督导提升，补齐短板，年中对各党支部落实“三会一课”等组织生活制度以及重点工作情况进行专项督导，了解和掌握学院基层党建工作情况，查找问题6项。

【全国海关示范品牌】2022年，中国海关管理干部学院教育培训处党支部从“学思践悟”入手，持续增强党建品牌的辐射带动作用。拓展党建三个维度，推动“学思践悟”品牌内涵升级。拓展党建认知维度，使“勤于学习、善于思考、致于实践、精于领悟”的品牌核心内涵得到全体同志的真正认同。拓展党建标准维度，规范品牌创建材料，做到党建规定动作材料立专档、党员成长情况立专档、品牌创建重点资料立专档。拓展党建创新维度，打造内容有“党味”、形式有“趣味”、效果有“回味”的党建工作模式。打造“党建+”工作模式，助力“学思践悟”品牌热力升级。“党建+培训质效”：始终坚持以党建为引领，推进党建工作与培训深度融合，深化教育培训改革，全面提升培训质量。“党建+科研创新”：支部书记带头抓科研，做科研，处内党员教师围绕教育培训开展课题研究，多项课题获奖。“党建+管理机制”：积极推进制度“立改废”工作，改革处内分配机制，提高工作效率和管理专业化水平；建立党员联系制度，切实发挥党员骨干教师的引领作用。发挥示范引领作用，实现“学思践悟”品牌价值升级。传播“学思践悟”理念，加强共筑共建；分享“学思践悟”思路，推动互学共进；提升“学思践悟”价值。

【全国海关培育品牌】2022年，中国海关管理干部学院海关防辐射探测培训处党支部将党建工作与业务建设紧密结合，以党建引领业务，用业务成果检验党建成效，建设一支政治坚强、业务过硬、具有高度凝聚力和战斗力的专业化队伍。党支部以习近平新时代中国特色社会主义思想为指引，持续抓好基层党建工作，在实践中不断丰富品牌内涵，深化品牌党支部建设，持续改进、不断提升，为海关事业发展提供坚强有力的组织保障。一方面，党支部积极运用经过实践检验的“党建工作十二条工作法”，创新党建工作方式方法，围绕创新发展抓党建工作，抓好党建循环促进业务改革。不断深化党建品牌内涵，加强培育深化，提升品质。另一方面，抓亮点、重特色，推行“党建+”模式提升党建工作水平，提高支部凝聚力、战斗力和竞争力，使“党建+”带来各方面“活力+”和“能力+”。

撰稿人

于东飞　王　璐

审计工作

【概况】2022年2月17日至3月2日，中国海关管理干部学院迎接总署现场审计，对杜祥培同志担任中国海关管理干部学院党委书记期间履行经济责任情况进行了审计。5月，学院根据总署要求，成立审计自查工作领导小组，组建审计自查工作专班，开展内部审计自查工作。

【现场审计及整改工作】2022年5月15日，总署下发了《海关总署关于中国海关管理干部学院的审计决定》，对学院提出了10项需整改问题，学院党委高度重视，召开审计整改工作会议，学习领会审计决定精神，研究制定审计整改措施，逐条对照审计决定所列问题，制订《2022年总署经济责任审计整改方案》和《审计整改任务清单》，明确牵头院领导、责任部门、原因分析、整改措施、整改时限等，对整改工作提出明确要求。整改方案根据“谁分管，谁负责”的原则，明确分管院领导对分管工作的整改任务进行全面监督，各部门一把手为部门整改负责人，部门内部细化各相关直接责任人，对查发问题的成因及整改措施等内容，按层级逐级落实整改责任。成立审计整改工作领导小组，统筹领导、组织推进审计整改工作。整改过程中，相关院领导组织召开3次整改落实推进会，研究分析并协调解决整改工作中遇到的困难和问题，并深入各部门调研、检查、督导审计整改工作；审计整改工作组进一步细化问题整改清单，逐个对账销号，确保各项目标任务落细落小落实；审计整改办公室及时跟进整改工作，强化督导检查，推动各部门加快落实审计建议和责任认定等工作，确保整改时效。整改注重从建立完善机制方面分析原因，重点围绕固定资产管理、经费使用管理、公有住房管理等分类建立健全一系列制度和规定。修订完善《固定资产实施细则》《公有住房管理办法》《学院工会经费使用管理办法》3项管理制度，废止3项制度。

【内部审计自查及整改工作】2022年5月，中国海关管理干部学院开展内部督查审计自查工作。学院成立审计自查领导小组，下设审计自查工作专班，运用数据分析、调阅资料、核查单证、现场核实等方式，对2019年至2021年期间学院落实中央八项规定精神及其实施细则、“三重一大”决策制度、财务管理、科技信息管理、招投标采购、物资管理、科研项目管理等情况进行检查。审计调阅规章制度123份，核查会计凭证、合同档案等各类纸质材料100余份，审核各类电子数据5354条，分析电子数据5000余条，调阅账册会计凭证、归档资料800余份，谈话沟通15人次，实地核查场所2处。审计自查在6个方面19个问题，以往审计未整改到位问题2项，制定整改措施31项，目前已整改到位问题19项，2项需长期坚持。提出下一步重点工作方向：加强制度建设。进一步强化学院治理体系建设，通过制度“废改立”，完善制度建设，构建严谨、使用、科学的制度体系。提高制度执行能力。通过开展集中学习培训等方式，提高把握和执行制度的能力和水平。培植良好的执行环境，坚持原则，增强制度执行刚性，切实提升学院管理能力。加强监督检查，推动制度刚性运行。加强采购管理。严格执行采购相关法律法规、规章制度和采购程序。做好采购管理的基础性工作，增强临时采购物资的计划性管理，制订合理的物资采购计划。加强财务管理。夯实会计基础工作，规范原始凭证，严格报销手续，杜绝无明细单证报销，加强往来账款的清理。加强内控机制建设。建立科学、有效的内部控制制度，理清各岗位与环节的责任，使内控工作有章可循，推动学院各项工作逐步走向科学化、规范化。

撰稿人

杜　江　单婷婷

纪检监察

【概况】2022年，中国海关管理干部学院纪委以习近平新时代中国特色社会主义思想为指导，在驻署纪检监察组的指导下，坚持全面从严治党战略方针，坚定不移正风肃纪反腐，发挥监督保障执行、促进完善发展作用，各项工作迈上新台阶。

【政治监督】聚焦习近平总书记重要指示批示精神开展监督检查。开展安全生产专项监督检查3次，发现并指出问题4个，督促相关部门落实安全生产监管责任。一以贯之做好课堂政治纪律监督，与教育培训部门建立课堂教学评估学员评价反馈同步通报机制，随时掌握课堂政治纪律情况，确保“三尺讲台无杂音”。

【新冠疫情防控监督】2022年，学院进一步做好疫情防控监督工作，开展疫情防控专项监督检查4次，指出问题5个，日常提醒21次，下发监督建议书1份，通过日常督导和专项检查，持之以恒抓好疫情防控常态化监督工作。

【重点工作监督】2022年，学院聚焦海关总署监管技术研究中心建设项目、综合改革等学院重点工作，护航学院发展。通过实地检查、座谈调研、资料查阅等方式，开展集中检查1次，走访部门4个，现场检查3次，及时发现并指出问题6个，提出工作建议4条，提醒廉政风险1项。严格选人用人监督。首次探索公开招聘线上监督，现场监督2022年学院人员招聘线上笔试及面试工作；紧盯干部选拔民主推荐、考察谈话等关键环节，参与民主测评投票监督，确保程序规范透明；认真审核选拔对象信访举报和问题线索情况，坚决防止“带病提拔”，全年反馈党风廉政意见6批18人次。

【重要节点监督】2022年，学院紧盯节日、假期重要节点廉政提醒，抓早抓小注重预防。督促检查各支部认真学习中央纪委、驻署纪检监察组通知要求，在全体教职工中开展警示教育、纪法教育，严明纪律规矩，筑牢思想防线，综合运用台账检查、实地检查多种形式开展监督检查，织密监督“防护网”，多措并举抓好中央八项规定精神落实。

【专项整治】2022年，中国海关管理干部学院深入开展“海关重点项目和财物管理以权谋私”专项整治工作，认真组织推动、统筹学院各方力量深入排查10年来学院存在的风险，制定整改措施。排查问题和廉政风险72个、高风险项目8个。根据自查发现问题和督导检查组反馈问题，制定整改措施155项，新立或修订制度19项，制订操作指引1项，完善作业流程9项，整改短板弱项4个。

【执纪问责】2022年，学院共收到上级交办信访件1件，转问题线索3个。院纪委快查快办，通过对被反映人谈话函询、与相关人员面对面谈话、实地查看等方式，对反映问题进行核查，组织召开集体排查会3次、函询1人次、要求书面情况说明2人次、面对面谈话了解26人次、查阅档案资料300余份、收集证据材料132份，深挖细查，科学精细处置问题线索。

【纪检监察队伍建设】2022年，中国海关管理干部学院纪检干部积极落实学院学科建设发展规划部署，积极主导纪检监察学科建设，将纪检监察学科建设、监督执纪业务提升、纪检干部培养相融合，完成纪检监察学研究综述起草，研究制定学院纪检监察学科建设规划；牵头推动中国海关廉政教育基地建设，按照基地建设方案，完成基地建设配套课程规划、廉政读书角建设、警示教育厅选址和初设等工作；新提拔的1名监察室副职如期转正；深入开展“线上+线下”培训，提升纪检干部能力素质。

撰稿人

牛继豪　裴君博

队伍建设

【概况】2022年，中国海关管理干部学院加强队伍建设，完善《建设高素质专业化干部队伍实施意见》，加大干部交流力度；公开招聘2名教师，加强教师队伍建设，不断规范学科专业带头人管理，大力推动教师职称评聘工作，加强工会、共青团、妇女委员会等群团组织建设，扎实做好离退休老同志工作，进一步激发人力资源活力，提升人力资源效能。

▲2022年9月19日，学院召开五级职员选拔任用民主推荐会

【干部队伍建设】2022年，中国海关管理干部学院组织完善《建设高素质专业化干部队伍实施意见》，协助党委合理调整配备处室领导班子，组织考察选用正处级干部1名，加大干部交流力度，组织对5名干部进行岗位交流，对6名试用期满干部进行考核，加强青年干部的培养锻炼，领导班子结构进一步优化，整体合力进一步增强。组织开展“三支队伍”建设调研工作，分析队伍现状，查找11个方面存在的问题，提出14个方面工作建议，并向党委进行专题汇报，相关整改工作按党委要求持续推进。认真做好干部人事档案专审工作，组织完成63名人事档案审核，认定7名同志“三龄两历一身份”。开展人事档案自查，排查出21项共性问题，补充档案材料近300份。从严抓好干部监督管理，组织完成处级以上干部个人有关事项报告和抽查核查，连续3年如实报告率100%，组织开展对海关人员投资企业、在企业兼（任）职情况清理。积极推进制度废留改立工作，对人事政工方面61项制度进行全面清理，新制定制度12项，修订制度11项，废除制度6项。组织

“内务规范强化月”活动，组织学习教育3次，开展纪律抽查10次，分处室组织队列训练，组织2次升国旗仪式，深入推进纪律作风建设。

【教师队伍建设】2022年，中国海关管理干部学院加大人才引进工作力度。学院招聘2人，均为应届硕士毕业生，为党史党建专业增添新生力量。职称评聘工作有新提高，正式设立学院专业技术职务聘任委员会并按章开展工作，正式印发学院《专业技术职务聘任委员会工作章程》，专业技术职务聘任委员会同步设立，并按章程规定组织实施本年度职称评审申报推荐和专业技术岗位聘任两项重点工作，学院的专业技术岗位聘任工作和专技人才的职业发展更加有序规范。积极拓展专业技术人员职称委托评审新渠道。2022年，学院在继续委托河北省职改办评审高级职称的基础上，拓展海关系统内信息技术专业和中核集团核科学与技术专业2条新的职称委托评审渠道，为专业技术人员提供了更多更符合工作实际的职业成长通道。2022年内共通过上述3条渠道推荐8人参加高级职称评审，其中委托河北省职改办评审4人（参评正高2人、副高2人），委托中核集团评审3人（副高），委托天津海关向总署推荐参评1人（副高）。8人中共有2人通过正高资格评审、4人通过副高资格评审、2人未通过副高资格评审。顺利完成年度专业技术岗位聘任工作。2022年度，共有10名教职工申请参加专业技术岗位聘任，经资格审核、专业技术职务聘任委员会审议并报院长办公会议研究，有9名专技人才聘任到新的岗位等级（专技六级1人，专技七级1人，专技八级1人，专技九级3人，专技十级3人），进一步优化专技人才队伍的职称结构，有效激发人才队伍工作活力。

【规范学科专业带头人管理】2022年，学院规范学科专业带头人管理，研究确定5名学科专业带头人的聘期、目标任务和量化指标，统一签订了《聘任协议书》，进一步规范学科专业带头人的管理工作。明确部分教职工学科专业归属。发文明确44名教职工的学科专业归属，为更好贯彻落实学院学科专业建设任务目标、加强学科专业人才队伍建设奠定了基础。积极推动“双聘”学科带头人引进工作。多次与马克思主义理论学科“双聘”带头人意向人选、燕山大学王新华教授进行沟通，深入探讨合作开展学科专业建设的可行性、聘期目标任务的量化考核指标设置等关键事项，为学院重点学科引进急需的高层次“双聘”带头人夯实了前期工作基础。

【保障人教司职称审卷集中工作】2022年，学院承接海关总署人教司为期10天的职称审卷集中工作的保障服务任务。协助人教司接收近40个直属海关单位报送的数百本职称申报卷，协调学院相关部门为工作组提供全方位的办公和后勤保障服务，助力人教司圆满完成职称评审阶段性任务。

【人才管理制度建设】2022年，中国海关管理干部学院新制定出台学院《专业技术职务聘任委员会工作章程》和《教职工学历（学位）进修管理办法》，计划出台的《职称评聘量化计分办法》已完成初稿，正在进一步修改完善，《职称评审管理办法》已完成修订并印发。全链条的人才管理制度体系正逐步形成并不断健全。

【干部教育培训】2022年，学院扎实开展教职工教育培训工作。深入学习贯彻党的十九届六中全会精神。学院按照《人教司、政工办、教培中心〈关于开展学习贯彻党的十九届六中全会精神集中轮训的通知〉》要求，组织广大党员干部原原本本、全面系统地学习习近平总书记在党的十九届六中全会上的重要讲话精神，学好用好辅导材料等规定书目，分层次、分批分次组织集中轮训、网上培训，有效教育引导教职工切实把思想和行动统一到全会精神上来。其间，安排学院党委书记、院长参加全国海关厅局级“一把手”集中学习班，分2期组织3名院领导参加其他署管干部“线下+线上”培训班，安排1名副院长赴上海海关学院参加学习贯彻党的十九届六中全会精神第1期集中轮训示范班。充分依托总署机关及在京直属事业单位处级干部“线下+线上”轮训班，分4期组织学院66名在职教职工进行线下脱产轮训，实现集中轮训全员参训。通过“钉钉”海关全员培训网络学习课堂平台，分为厅局级、处级、科级及以下3个班次，向全院教职工指派学习贯彻党的十九届六中全会精神网上培训班。深入学习贯彻党的二十大精神。充分利用党委理论学习中心组学习、党支部学习、领导干部宣讲等形式开展学习教育，组织处级及以上领导干部参加中国干部网络学院举办的学习贯彻党的二十大精神网上专题班。认真制订2022年度教育培训计划，抓好计划的落实。学院按照《海关总署办公厅关于印发总署2022年培训计划的通知》要求，充分结合学院实际，制订2022年度教育培训计划，计划涵盖在岗培训、专项培训和岗前培训，为规范教职工培训打下坚实基础。

▲2022年3月8日，召开“三八”妇女节“品质女性形象的科学管理”专题讲座

【群团组织工作】2022年，学院工会强化政治引领，筑牢发展根基。始终将政治引领作为自身工作的出发点和落脚点，将思想政治工作贯穿于学校民主管理、师德师风建设和校园文化营造的全过程，引导广大会员坚定不移听党话、跟党走，保持工会组织正确的政治方向。围绕深入学习宣传贯彻习近平新时代中国特色社会主义思想和党的二十大精神，与团总支（青联）、图书馆联合开展“建功新时代，奋进新征程”职工座谈会；与团总支（青联）、妇委会共同开展“守正

▲2022 年 9 月 8 日，学院召开加强新时代廉洁文化建设暨警示教育大会

创新担使命 凝心聚力齐奋斗”学习贯彻党的二十大精神学习交流会；组织女职工开展“习声回响巾帼情 党的光辉照我心”党的二十大报告诵读活动；为落实署长俞建华在全国海关加强新时代廉洁文化建设暨警示教育大会上的讲话，向全体教职工发出“弘扬清廉家风　建设廉洁家庭”的倡议。

2022 年，学院工会制定《中国海关管理干部学院教职工大会实施办法（试行）》，对于涉及教职工切身利益的学院重大活动、经费收支、职称评选、评优评先、绩效分配、公有住房等情况，及时进行公开，接受广大教职工的监督，保障了教职工参与民主决策、民主管理、民主监督的权利。

开展丰富多彩的文体活动，参加河北省职工“云”上运动会并取得优异成绩；与白塔岭街道办事处联合开展迎“七一”巧手剪纸颂党恩活动，感受红色文化和中华民族源远流长的民俗文化；开展“迎六一”北戴河机场亲子共建活动，普及民航飞行和机场知识。发扬女性“半边天”的作用，举办“品质女性形象的科学管理”专题讲座，提升学院女职工的整体精神风貌；组织观看“压力调适与心理健康”讲座，加强对教职工的人文关怀；工会副主席张华同志受秦皇岛市妇联、市直机关妇联邀请，为全市妇女干部讲授“品传统家训・扬清廉家风”主题讲座，并受聘为秦皇岛市家庭教育讲师团成员，展现学院教师风采。

学院职工书屋在获得“2021 年市级职工书屋”的基础上，被河北省总工会授予“2022 年省级工会职工书屋”荣誉，同时获得 5000 元奖励资金和 306 本图书。书屋涵盖政治理论、廉政文化、业务提升、素质涵养、生活艺术、家庭教育、心理健康等多种类型的图书，让“职工书屋”

▲2022 年 5 月 28 日，学院举办“迎六一”北戴河机场亲子共建活动

成为开启职工智慧、激发职工创新活力、丰富职工业余生活的精神园地。完成2022年大病互助医疗参保工作，年参保人数71人次，让教职员工感受到学院实实在在的关怀。开展99公益救助困难妇女儿童活动募捐活动，共收到全院教职工爱心捐款3920元，荣获秦皇岛市直机关99公益募捐先进集体。向全院教职工发出"'工'克时艰'会'聚力量"的倡议，为每位会员发放新冠病毒抗原检测试剂，共同守护广大教职工的健康和安全。

【离退休工作】2022年，中国海关管理干部学院着力提升离退休党建工作质量。全面学习党的二十大会议精神，引导老同志忠诚捍卫"两个确立"，坚决做到"两个维护"，建设社会主义现代化国家。重视思想教育及宣传引导，突出重点，打造亮点，引导老同志撰写文章和感悟，凝聚强大精神力量。利用"智慧银海"等信息化平台，加强对离退休党支部微信群引导及规范管理，多次采用电话、微信等方式进行沟通，让老党员感受到党组织的关怀。运用信息化手段，完善老同志信息数据库，与医疗机构加强联系，及时将各医院急诊重症、新冠病毒患者就医要求变动情况告知老同志。坚持分类施策，做好80周岁以上老同志"一人一策"精细化服务，协助老同志购买医疗器材，对空巢、独居、失能和重病老同志给予更多的关心照顾，持续加强老同志活动场所基础建设，为老同志提供便利服务。发挥老同志优势，组织老同志开展"建言二十大""我看中国特色社会主义新时代"等主题调研访谈活动，引导老同志

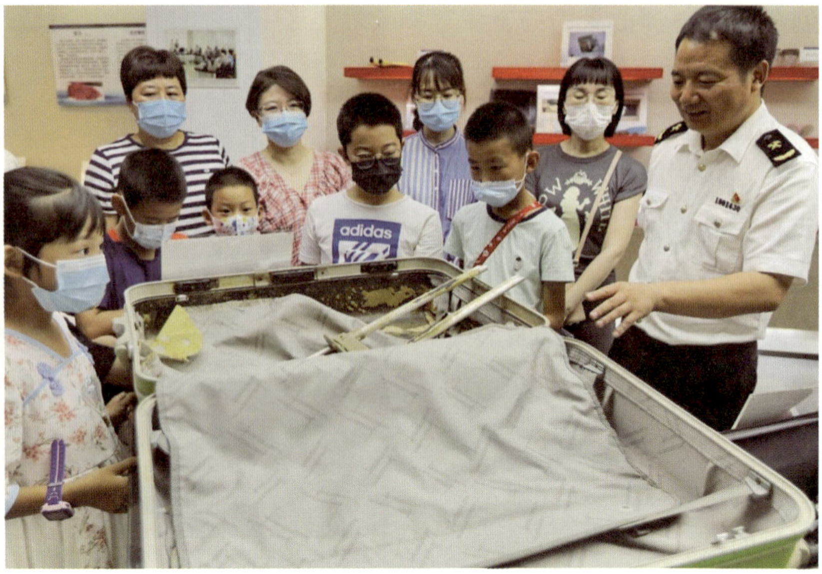

▲2022年8月8日，学院与秦皇岛市海港区白塔岭街道办事处共同举办"法治开放日"活动

▲2022年8月，学院积极参加秦皇岛市创建全国文明城市工作

为海关和学院发展积极发声、献智出力。引导老同志积极参与学院历史资料征集工作，助力院史研究，展现老同志良好精神风貌。加强基础建设，发挥离退休工作领导小组机制作用，梳理修订《离退休人员管理办法》，与时俱进落实规范化建设要求。组织老同志参加“海关重点项目和财物管理以权谋私”专项整治工作答题及座谈活动，在重大节日、干部退休等关键节点及时开展廉政教育和温馨提示。协助去世人员家属办好后事。为老同志普及新冠疫情防控知识，推送疫情防控动态、权威科学防疫知识，为老同志发放卫生防护用品等。

撰稿人

于东飞　王　璐　白新峰　赵玉艳

第五篇

教育培训科研

教育培训

【概况】2022年，中国海关管理干部学院面对秦皇岛属地疫情，贯彻落实疫情防控常态化下带班及学员管理的各项规定，坚持疫情防控和教育培训两手抓、两手硬，加强形势需求研判，动态调整培训计划，线上、线下共同推进。强化风险防范，将疫情防控工作贯穿培训全过程、各环节，确保全年培训安全有序开展。年内，教育培训处共完成线上、线下培训班77期，培训14233人次、88065人天，其中线下培训办班15期，培训学员1117人次、16050人天；网络培训办班62期，培训学员13116人次、72015人天。

【特色培训品牌项目】2022年，中国海关管理干部学院首次承办全国海关厅局级"一把手"培训班、海关总署署管干部培训班、年轻干部党的理论和党性教育研修班二班（中青二班）、总署机关新任职副处长培训班、兼职教师素质能力提升网络培训及纪检监察干部培训班，完成党的十九届六中全会精神专题轮训、关衔晋升培训、任职培训等各项培训任务。

【海关新录用公务员初任培训班】2022年，海关新录用公务员初任培训恢复为线下培训，分别在9月1日—28日举办第一期，共计342人次，10月31日—12月3日举办第二期，共计195人次。学院严格落实属地及《海关总署办公厅关于严格落实属地要求持续做好疫情内部防控工作的通知》有关要求，做好培训安全保障工作。针对疫情防控压力大、派员单位数量多、学员来源地域广的特点，学院建立高效沟通联动机制，

▲2022年9月21日，2022年第一期初任培训班队列训练

确保初任培训平稳顺畅。建立学院与总署的沟通机制。与人教司、教培中心时刻保持密切联系沟通，做好总署检查指导接待工作，随时汇报培训情况，及时反馈参训学员的学习生活。建立院、关工作联系机制。与27个派员单位及时沟通疫情防控报备、接送站、服装配发、执法资格考试等事项；与12个承训单位就课程需求建立工作群，及时共享课程63门。建立院地协调联动机制。紧密联系地方疫情防控部门，为学员入秦审批、核酸检测、应急演练等提供支持。建立院级工作机制。成立初任培训工作领导小组，下设7个工作组，涉及全院各部门，学院上下牢固树立“培训工作一盘棋”理念，形成各负其责、各司其职、齐抓共管、运转高效的工作机制，有效保障培训的顺利进行。

在课程安排方面，把学习习近平新时代中国特色社会主义思想作为重中之重，突出政治标准和政治训练，根据A、B班学员不同的专业背景，安排相应的业务知识学习。在选聘授课教师方面，共邀请授课教师67人，系统外16人来自中共中央党校、中共中央组织部、天津大学等单位，系统内51人，来自海关总署各司局及直属海关单位，其中省部级领导1人、厅局级领导9人、处级领导33人。在组织特色学习活动方面，指导学员开展“研讨与分享：年轻干部应如何落实求实实、扎实、朴实的要求”“党史故事会——分享最感动你的党史故事”“读原著·学原文·悟原理——学习习近平总书记论著读书分享会”“青春正当时·筑梦二十大——征文活动”，并印制3册学员活动纸质资料。在课

▲2022年9月17日，2022年第一期初任培训班开展读书分享会

▲2022年9月19日，2022年第一期初任培训班组织开展宣誓

程共享保障方面，在“钉钉”上分别建立A班和B班线上课程保障群，保障了12个承训单位课程线上共享需求。按照总署初任培训安排制订具体工作方案，强化安全规范管理，精心组织实施教学，丰富培训方法手段，提高培训保障水平，做好信息宣传工作，确保了培训安全和效果。具体课程设计见表5-1。

▲2022年9月21日，定期为初任培训学员组织核酸检测

表5-1 初任培训课程设计

教学单元	授课主题
习近平新时代中国特色社会主义思想	习近平新时代中国特色社会主义思想概论
	习近平新时代中国特色社会主义思想理论体系与精神实质
	把学思践悟习近平新时代中国特色社会主义思想引向深入：《习近平谈治国理政》第四卷解读
	全面理解和把握习近平经济思想的丰富内涵
	深入学习贯彻习近平生态文明思想，加强监管依法守护美丽中国
	深入学习贯彻习近平法治思想，推动法治海关建设
	学习习近平总书记关于总体国家安全观的重要论述
	学习习近平总书记科学的思想方法和工作方法
	学习习近平总书记关于坚持和加强党的全面领导的重要论述
	学习习近平总书记关于青年工作的重要论述
	捍卫“两个确立”的依据和决定性意义
	学习伟大建党精神的科学内涵和时代价值
	认真学习贯彻党的十九届六中全会精神，从党的百年奋斗历史中汲取智慧和力量
	筑牢理想信念根基 践行正确政绩观——学习领会习近平总书记在中共中央党校（国家行政学院）中青年干部培训班开班式上的重要讲话精神
	读原著·学原文·悟原理——学习习近平总书记论著读书分享会
	自学读书

表5-1　续1

教学单元	授课主题
政治能力	坚持党的领导，推动国家治理体系与治理能力现代化
	强化政治机关意识，走好第一方阵
	榜样的力量——海关系统全国“人民满意的公务员”经验分享
	榜样的力量——海关系统“全国抗击新冠疫情先进个人”经验分享
	榜样的力量——学习红其拉甫、大铲等边关艰苦奋斗精神
	深刻认识中国共产党百年奋斗的历史意义和历史经验
	党史故事会——分享最感动你的党史故事
	党史学习教育特色教学活动
	党领导下的海关革命斗争史
	保密安全教育
	海关公文写作与公文处理基础知识
	海关人事管理制度
	海关年轻干部职业生涯探索与规划
	学习《中华人民共和国公务员法》
	海关办公礼仪与行政沟通
	研讨与分享：年轻干部应如何落实求实、扎实、朴实的要求？
准军素养教育	准军事化海关纪律部队建设概述
	《海关内务规范》解读
	海关关衔制度介绍
	队列训练
廉政教育	学习《中国共产党纪律处分条例》等
	海关执法一线违法违纪典型案例廉政警示教育
	严肃纪律，惩治酒驾醉驾歪风
	公务员从业禁止性规定
业务能力（A班）	“十四五”海关发展规划解读
	疫情防护基础知识
	海关概述（世界海关组织简介）
	海关监管概述
	进出口商品检验监管概述
	进出境动植物检验检疫监管概述
	国境卫生检疫监管概述
	进出口食品安全监管概述
	海关税收概述

表5-1 续2

教学单元	授课主题
业务能力（A 班）	加工贸易保税监管、自贸区与特殊区域概述
	海关风险管理概述
	海关企业管理概述
	海关稽查概述
	海关统计概述
	海关缉私概述
	知识产权海关保护概述
	进出口贸易相关知识概述
业务能力（B 班）	“十四五”海关发展规划及子规划解读
	海关主要业务领域改革情况
	新时期海关以高质量标准促进高水平开放
	疫情防护基础知识
执法能力	维护宪法权威，捍卫宪法尊严——深入学习《中华人民共和国宪法》
	学习《中华人民共和国海关法》及海关工作相关法律

【学习贯彻党的十九届六中全会轮训班】按照《人教司、教培中心关于继续开展学习党的十九届六中全会精神署管干部和总署机关及在京直属事业单位处级干部集中培训的通知》要求，2022 年 3—5 月，学院承办全国海关厅局级“一把手”集中学习班 1 期、其他署管干部“线下+线上”培训班 2 期、总署机关及在京直属事业单位处级干部“线下+线上”轮训班 4 期共计 1136 人次的培训任务。

此次培训参训学员级别高、培训时间紧、任务重，线上授课涉及 14 个群同步联

▲2022 年 1 月 7 日，总署机关处级领导干部学习贯彻党的十九届六中全会精神集中轮训班（第一期）小组合影

动，沟通环节烦琐，培训期间正值秦皇岛疫情反弹期，教师随时面临居住小区封控等突发情况，为保障线上培训班顺利进行，学院党委高度重视，教育培训处、办公室、科技信息处、后勤保障处等多部门协调联动，带班教师住校办公，全体班主任密切配合，高质量完成了总署交办的培训任务。具体课程设计见表 5-2 和表5-3。

表 5-2　全国海关厅局级“一把手”教学安排

日期	授课内容	师资来源
4 月 25 日 星期一	开班式	海关总署
	【专题讲座】（直播）“两个确立”的依据和决定性意义	中共中央党校（国家行政学院）
4 月 26 日 星期二	【专题讲座】学习贯彻十九届六中全会精神，充分发挥全面从严治党的政治引领和政治保障作用	中央纪委国家监委驻海关总署纪检监察组

表 5-3　署管干部、总署机关处级干部学习贯彻党的十九届六中全会“线下+线上”轮训班（第一期）教学安排

日期	授课内容	师资来源
4 月 25 日 星期一	开班式	海关总署
	【专题讲座】（直播）“两个确立”的依据和决定性意义	中共中央党校（国家行政学院）
4 月 27 日 星期三	教学安排介绍	中国海关管理干部学院班主任
	【专题讲座】（直播）党的十九届六中全会精神总体解读	中共中央党校（国家行政学院）
	【专题讲座】学习党的十九届六中全会精神，深刻认识中国共产党百年奋斗的历史意义和历史经验	清华大学
4 月 28 日 星期四	【专题讲座】（直播）落实习近平总书记关于总体国家安全观的重要论述，筑牢国门安全防线	中共中央党校（国家行政学院）
	【专题讲座】（直播）当前国际形势和中国外交政策	外交部
4 月 29 日 星期五	【研讨交流】深刻认识“两个确立”的决定性意义，围绕海关政治机关建设，谈谈如何把讲政治要求落实到实际工作中去？ 【知识测试】试卷上传至“钉钉”群	

为落实总署党委关于全国海关学习宣传贯彻党的十九届六中全会精神工作部署和要求，深入开展党的十九届六中全会精神教育培训，中国海关管理干部学院在年初制订了翔实周密的党的十九届六中全会精神轮训方案，精心安排课程，邀请中共中央组织部、中共中央党校、清华大学等单位的知名专家学者进行授课，除承办总署

机关处级领导干部学习贯彻党的十九届六中全会精神网络培训班之外，高质量完成了北京、福州、深圳、黄埔、江门、西安海关等27个海关委托承训的15期十九届六中全会精神轮训班，培训学员共计4955人次。其中，线下培训5期、767人次；线上培训10期、4188人次。具体课程设计见表5-4。

▲2022年1月7日，总署机关处级领导干部学习贯彻党的十九届六中全会精神集中轮训班（第一期）学员研讨

表5-4 海关处级领导干部学习贯彻党的十九届六中全会精神线上专题培训班教学活动安排

日期	授课内容	师资来源
2月16日 星期三	开班式；入学教育	中国海关管理干部学院
	【视频教学】中国共产党的独特优势	中共中央党校（国家行政学院）
	【专题讲座】凝聚思想共识 奋起复兴征程——学习贯彻党的十九届六中全会精神	吉林大学
2月17日 星期四	【专题讲座】学习党的十九届六中全会精神，深刻认识中国特色社会主义进入新时代的历史性成就和历史性变革	燕山大学
	【专题讲座】学习党的十九届六中全会精神，深刻认识中国共产党百年奋斗的历史意义和历史经验	中共河北省委党校
2月18日 星期五	【研讨交流】如何捍卫“两个确立”、做到“两个维护”，把讲政治要求落实到每项工作中、每个岗位上？	中国海关管理干部学院
	【专题讲座】学习党的十九届六中全会精神，深刻认识“两个确立”对新时代党和国家事业发展的决定性意义	中共上海市委党校
	【结业测试】	中国海关管理干部学院

【年轻干部党的理论和党性教育网上研修班二班（政治能力提升计划）】按照全国海关教育培训中心关于举办2022年第一期年轻干部党的理论和党性教育网上研修二班（政治能力提升计划）的通知要求，中国海关管理干部学院于6月20日至7月19日，承办2022年第一期年轻干部党的理论和党性教育网上研修班二班（政治能力提升计划），来自42个直属海关的52名年轻干部参训，以优异成绩顺利完成了为期30

天的培训任务。培训旨在提高海关年轻干部的政治能力，引导学员树牢政治机关意识，夯实年轻干部的理论基础，以坚定理想信念、增强宗旨观念和改进作风为重点，加强年轻干部的党性修养。这是学院首次承办中青二班培训，也是首次以线上形式组织此类培训，在教培中心指导下，学院借鉴总结上海海关学院办班经验，采取直播课程与录播课程相结合的方式进行授课，同时在课程设置、班级活动、学风管理方面做出新的探索。课程设置以学习习近平新时代中国特色社会主义思想为首要任务，突出政治性，共设置学习习近平新时代中国特色社会主义思想、党史学习教育和党性教育、专业化能力提升 3 个教学单元。年内，受长春海关、郑州海关和深圳海关委托，学院相继承办 3 期海关单位委托的执法一线科长培训班，共计 248 人次。具体课程设计见表 5-5。

表 5-5　年轻干部党的理论和党性教育网上研修班二班（政治能力提升计划）——面向执法一线科长教学安排

日期	授课内容	师资来源
6 月 20 日 星期一	开班式；入学教育	管干院
	【专题讲座】党的十九届六中全会精神总体解读	中共中央党校（国家行政学院）
	【专题讲座】学习党的十九届六中全会精神，深刻认识中国特色社会主义进入新时代的历史性成就和历史性变革	燕山大学
6 月 21 日 星期二	【专题讲座】学习党的十九届六中全会精神，深刻认识中国共产党百年奋斗的历史意义和历史经验	中共河北省委党校
	【专题讲座】“两个确立”的依据和决定性意义	中共中央党校（国家行政学院）
6 月 22 日 星期三	【专题讲座】习近平法治思想	管干院
	【专题讲座】坚持党的全面领导	北京师范大学
6 月 23 日 星期四	【专题讲座】落实习近平总书记关于总体国家安全观的重要论述，筑牢国门安全防线	中共中央党校（国家行政学院）
	【自学读书】《中共中央关于党的百年奋斗重大成就和历史经验的决议》《习近平：在庆祝中国共产党成立 100 周年大会上的讲话》《习近平在中央党校（国家行政学院）中青年干部培训班开班式上发表重要讲话》等	管干院
6 月 24 日 星期五	【专题讲座】强化支部政治功能 建设坚强战斗堡垒	江门海关
	【研讨交流】如何捍卫“两个确立”、做到“两个维护”，把讲政治要求落实到每项工作中、每个岗位上？	管干院
6 月 25 日 星期六	【自修】	

表5-5 续1

日期	授课内容	师资来源
6 月 26 日 星期日	休息	
6 月 27 日 星期一	【专题讲座】习近平经济思想	天津大学
	【专题讲座】深入学习习近平总书记重要论述，牢牢掌握意识形态工作领导权	中共辽宁省委党校
6 月 28 日 星期二	【专题讲座】坚持底线思维，防范化解重大风险	哈尔滨工业大学
	【专题讲座】习近平外交思想	外交学院
6 月 29 日 星期三	【专题讲座】筑牢中华民族共同体意识	中央民族干部学院
	【班级活动】党史故事会——学史明理、学史增信、学史崇德、学史力行	管干院
6 月 30 日 星期四	【专题讲座】学习贯彻党的百年奋斗重大成就和历史经验，以高水平对外开放助力社会主义现代化海关建设	上海特派办
	【自学读书】《中共中央关于党的百年奋斗重大成就和历史经验的决议》《习近平：在庆祝中国共产党成立 100 周年大会上的讲话》《习近平在中央党校（国家行政学院）中青年干部培训班开班式上发表重要讲话》等	管干院
7 月 1 日 星期五	【班级活动】忆入党初心 话时代使命——班级集体政治生日主题活动	管干院
	撰写党性分析材料	管干院
7 月 2 日 星期六	【自修】	
7 月 3 日 星期日	休息	
7 月 4 日 星期一	【专题讲座】学习践行《中国共产党章程》	中共河北省委党校
	【组织生活会】	管干院
7 月 5 日 星期二	【专题讲座】国防安全教育	国防大学
	【准军训练】	各单位自行组织
7 月 6 日 星期三	【读书分享】致敬经典 凝聚力量——班级读书分享会	管干院
	【自学读书】《中共中央关于党的百年奋斗重大成就和历史经验的决议》《习近平：在庆祝中国共产党成立 100 周年大会上的讲话》《习近平在中央党校（国家行政学院）中青年干部培训班开班式上发表重要讲话》等	管干院

表5-5　续2

日期	授课内容	师资来源
7月7日 星期四	【专题讲座】增强狠抓落实本领，提高组织执行力	中共天津市委党校
	【研讨交流】学习习近平关于全面从严治党重要论述，结合海关党建工作实际，谈谈如何深入推进“强基提质工程”，创建模范机关和“四强”支部？	管干院
7月8日 星期五	撰写研究报告	管干院
	【知识测试】党的十九届六中全会精神应知应会知识测试	管干院

【新任职处科级领导干部培训班】2022年，根据《公务员培训规定》中对晋升领导职务的公务员要进行培训，重点提升其胜任职务的政治能力和领导能力的要求，结合《“十四五”海关干部教育培训规划》的安排，中国海关管理干部学院组织开展新任职处科级领导干部培训班，培训对象为海关新任职处科级领导干部。年内，受各海关单位委托，学院共承办8期次182人次的新任职处级领导干部网络培训班，共承办9期次1758人次的新任职科级领导干部网络培训班。具体教学安排见表5-6和表5-7。

表5-6　2022年总署新任职副处级领导干部培训班教学计划

日期	授课内容	师资来源
8月15日 星期一	报到	
8月16日 星期二	开班式；入学教育	管干院
	【专题讲座】学习党的十九届六中全会精神，深刻认识中国共产党百年奋斗的历史意义和历史经验	中共河北省委党校
	【专题讲座】习近平法治思想	管干院
8月17日 星期三	【专题讲座】深入学习习近平经济思想	天津大学
	【专题讲座】深入学习习近平总书记重要论述，牢牢掌握意识形态工作领导权	中共辽宁省委党校
8月18日 星期四	【专题讲座】深入学习习近平外交思想	外交学院
	【专题讲座】党的十九届六中全会精神总体解读	燕山大学

表5-6 续

日期	授课内容	师资来源
8月19日 星期五	【专题讲座】海关行政复议、行政应诉与海关执法培训评估	海关总署
	【研讨交流】结合岗位职责，谈谈如何捍卫“两个确立”、做到“两个维护”，把讲政治要求落实到每项工作中、每个岗位上？如何更加精准高效开展常态化疫情防控？	管干院
8月20日 星期六	【自学读书】《中共中央关于党的百年奋斗重大成就和历史经验的决议》《习近平：在庆祝中国共产党成立100周年大会上的讲话》《习近平在中央党校（国家行政学院）中青年干部培训班开班式上发表重要讲话》等	管干院
	【准军训练】	管干院
8月21日 星期日	休息	
8月22日 星期一	【专题讲座】跳出历史周期率的两个答案及其创新发展	辽宁大学
	【专题讲座】《习近平谈治国理政》第四卷解读	中共中央党校（国家行政学院）
8月23日 星期二	【专题讲座】中国共产党百年反腐倡廉的历程与经验启示	中国纪检监察学院
	【专题讲座】守护“心”健康之新策略——公务员心理健康自我管理	河北科技师范学院
8月24日 星期三	【专题讲座】学习践行《中国共产党章程》	中共河北省委党校
	【现场教学】重走大钊路，寻迹五峰山——弘扬大钊精神，坚定“四个自信”，传承时代价值	管干院
8月25日 星期四	【现场教学】讲好长城故事　弘扬民族精神——长城精神现场教学	管干院
	【专题讲座】强化支部政治功能　建设坚强战斗堡垒	江门海关
8月26日 星期五	【读书分享】不忘初心，继续前进——班级读书分享会 【知识测试】党的十九届六中全会精神应知应会知识测试 【培训评估】	
	返程	管干院

表 5-7　2022 年石家庄海关新任职科长网络培训班教学活动安排

日期	授课内容	师资来源
10 月 10 日 星期一	开班式 【专题讲座】学习伟大建党精神的科学内涵和时代价值	管干院中共北京市委党校
	【视频教学】深入学习习近平总书记重要论述，牢牢掌握意识形态工作领导权	中共辽宁省委党校
10 月 11 日 星期二	【专题讲座】如何当好新时代海关系统科长	海关总署
	【专题讲座】中国共产党百年反腐倡廉的历程与经验启示	中国纪检监察学院
10 月 12 日 星期三	【专题讲座】坚持底线思维，防范化解重大风险	哈尔滨工业大学（深圳）
	【专题讲座】习近平外交思想	外交学院
10 月 13 日 星期四	【视频教学】筑牢理想信念根基　践行正确政绩观——学习领会习近平总书记在中央党校（国家行政学院）中青年干部培训班开班式上重要讲话精神	中共中央党校（国家行政学院）
	【专题讲座】习近平经济思想	天津大学
10 月 14 日 星期五	【专题讲座】强化支部政治功能，建设坚强战斗堡垒	江门海关
	【研讨交流】结合科长岗位职责，谈一谈如何捍卫“两个确立”、做到“两个维护”，把讲政治要求落实到实际工作中？	管干院

【处级领导干部专业化能力提升培训班】2022 年，根据《公务员培训规定》及《“十四五”海关干部教育培训规划》，受各海关单位委托，学院共承办 5 期次 2262 人次的处级领导干部专业化能力提升网络培训班。培训班以习近平总书记重要讲话精神为指引，开展总体国家安全观、全面统筹发展和安全、筑牢国门安全防线等内容教育，牢固树立大局意识、底线思维。以坚决维护国家安全、服务国内国际双循环相互促进、持续深化海关改革、全面提升科技应用水平、构建外事工作格局为重点，全面提高干部的政治能力、调查研究能力、科学决策能力、改革攻坚能力、应急处突能力、群众工作能力和抓落实能力。具体课程设计见表5-8。

表 5-8　2022 年海关处级领导干部专业化能力提升网络培训班教学安排

日期	授课内容	师资来源
10 月 10 日 星期一	开班式 学习伟大建党精神的科学内涵和时代价值	管干院中共北京市委党校
	【专题讲座】习近平总书记关于加强干部作风建设的重要论述	天津市委党校
10 月 11 日 星期二	【专题讲座】落实习近平总书记关于总体国家安全观的重要论述，筑牢国门安全防线	中共中央党校（国家行政学院）
	【专题讲座】战略思维与宏观决策	中共中央党校（国家行政学院）
10 月 12 日 星期三	【专题讲座】坚持底线思维，防范化解重大风险	哈尔滨工业大学（深圳）
	【专题讲座】当前国际形势与中国特色大国外交	外交学院
10 月 13 日 星期四	【专题讲座】把学思践悟习近平新时代中国特色社会主义思想引向深入：《习近平谈治国理政》第四卷解读	中共中央党校（国家行政学院）
	【专题讲座】习近平经济思想	天津大学
10 月 14 日 星期五	【专题讲座】学习贯彻党的百年奋斗重大成就和历史经验，以高水平对外开放助力社会主义现代化海关建设	上海特派办
	【研讨交流】结合学习贯彻全国海关年中工作会议精神，联系岗位工作实际，谈谈如何当好处级领导干部，以实际行动迎接党的二十大胜利召开培训考核、培训小结	管干院

【兼职教师教学能力提高班】 2022 年，为全面贯彻落实总署党委关于加强教育培训工作的要求，进一步强化政治机关建设要求，培养教育培训师资队伍，提高师资队伍素质水平，根据《"十四五"海关干部教育培训规划》，中国海关管理干部学院组织开展兼职教师教学能力提高培训班，培训以提升兼职教师教学设计能力，使兼职教师熟练掌握新媒体技术在教学中的运用，增强教育培训工作实效为目标，为兼职教师队伍搭建教学经验交流平台，提升海关系统兼职教师教学能力。培训班实行小班教学，训练学员的教学技能，以学员为主体，以训练为主线，教师全程跟踪，学员互评共

▲2022 年 7 月 7 日，2022 年第二期兼职教师教学能力提升培训班模拟训练

同学习，实现教学相长、学学相长。年内，中国海关管理干部学院共承办各海关单位5期次471人次的兼职教师教学能力提高班。具体课程设计见表5-9。

表 5-9 兼职教师教学能力提升线上培训班教学安排

日期	授课内容	师资来源
7月4日 星期一	1. 开班式、教学安排介绍 2. 习近平总书记关于教育培训工作的重要论述导读 3. 习近平总书记在中国人民大学考察时的重要讲话精神导读	本院教师、小组学员
	【专题讲座】教学设计与课堂控场策略	上海师范大学
7月5日 星期二	模拟训练、点评（1）	本院教师、小组学员
	【专题讲座】科学发声与语言表达技巧	拱北海关
7月6日 星期三	模拟训练、点评（2）	本院教师、小组学员
	【专题讲座】PPT设计和课堂互动演示技巧	上海市浦东教育发展研究院
7月7日 星期四	模拟训练、点评（3）	本院教师小组学员
	教案精磨，课件优化	
7月8日 星期五	公开课展示（每组推选2人）	特邀专家、本院教师
	公开课展示（每组推选2人）	特邀专家、本院教师
	培训小结、评估、结业式	

【晋升关务督察、督办衔级人员培训班】2022年，根据《中华人民共和国海关关衔条例》和《海关关衔晋升培训办法》有关规定，受各海关委托，学院共承办3期1013人次的拟晋升关务督察衔级人员网络培训班、3期512人次拟晋升关务督办衔级人员网络培训班。具体课程设计见表5-10和表5-11。

表 5-10 2022年拟晋升关务督察衔级人员网络培训班教学活动安排

日期	授课内容	师资来源
3月2日 星期三	开班式；入学教育	中国海关管理干部学院
	【视频教学】准军事化海关纪律部队与海关内务规范标准化建设	中国海关管理干部学院
	【专题讲座】学习贯彻习近平法治思想，提升海关基层干部的执法能力	中国海关管理干部学院
3月3日 星期四	【专题讲座】学习贯彻习近平生态文明思想，依法打击“洋垃圾”走私，建设美丽中国	中共天津市滨海新区委员会党校
	【专题讲座】学习十九届六中全会精神，深刻认识习近平经济思想的理论意义	天津大学
	【视频教学】学习贯彻习近平关于全面从严治党的重要论述	中共中央党校（国家行政学院）

表5-10 续

日期	授课内容	师资来源
3月4日 星期五	【专题讲座】学习贯彻党的百年奋斗重大成就和历史经验，以高水平对外开放助力社会主义现代化海关建设	上海特派办
	【专题讲座】学习党的十九届六中全会精神，深刻认识中国共产党百年奋斗的历史意义和历史经验（合班）	中共河北省委党校
3月5日 星期六	【视频教学】观看廉政警示教育片	各海关自行安排
	【专题讲座】学习党的十九届六中全会精神，深刻领会“两个确立”的决定性意义	中共天津市委党校
3月6日 星期日	【视频教学】观看廉政警示教育片	中国海关管理干部学院
	【自学读书】学习习近平总书记关于加强党的政治建设系列重要讲话精神	中国海关管理干部学院
3月7日 星期一	【专题讲座】《中华人民共和国生物安全法》与海关执法	宁波海关
	【视频教学】学习贯彻习近平关于总体国家安全观的重要论述	中共中央党校
3月8日 星期二	【专题讲座】切实加强口岸监管，坚决维护国门安全（合班）	中国海关管理干部学院
	【准军建设】准军训练	各海关自行组织
3月9日 星期三	【专题讲座】案析依法行政，防范执法风险	广州海关
	【准军建设】准军训练与考核	各海关自行组织
	【视频教学】学习贯彻习近平关于全面深化改革的重要论述	中共中央党校（国家行政学院）
3月10日 星期四	【专题讲座】学习党的十九届六中全会精神，深刻认识中国特色社会主义进入新时代的历史性成就和历史性变革（合班）	燕山大学
	【专题讲座】凝聚思想共识 奋起复兴征程——学习贯彻党的十九届六中全会精神	吉林大学
3月11日 星期五	【研讨交流】如何捍卫“两个确立”、做到“两个维护”，把讲政治要求落实到每项工作中、每个岗位上？	中国海关管理干部学院
	【视频教学】观看榜样人物教育片	中国海关管理干部学院
	【结业测试】	
	结业仪式	

表 5-11　2022 年第一期拟晋升关务督办衔级人员网络培训班教学活动安排表

日期	授课内容	师资来源
3 月 7 日 星期一	开班式；入学教育	中国海关管理干部学院
	【视频教学】准军事化海关纪律部队与海关内务规范标准化建设	中国海关管理干部学院
	【视频教学】学习贯彻习近平关于总体国家安全观的重要论述（合班）	中共中央党校（国家行政学院）
3 月 8 日 星期二	【专题讲座】切实加强口岸监管，坚决维护国门安全（合班）	中国海关管理干部学院
	【专题讲座】学习党的十九届六中全会精神，深刻领会“两个确立”的决定性意义	中共天津市委党校
	【视频教学】观看廉政警示教育片	各海关自行安排
3 月 9 日 星期三	【专题讲座】案析依法行政，防范执法风险（合班）	广州海关
	【准军建设】准军训练与考核	自行组织
3 月 10 日 星期四	【专题讲座】学习党的十九届六中全会精神，深刻认识中国特色社会主义进入新时代的历史性成就和历史性变革（合班）	燕山大学
	【专题讲座】学习党的十九届六中全会精神，深刻认识中国共产党百年奋斗的历史意义和历史经验	中共河北省委党校
	【视频教学】观看榜样人物教育片	中国海关管理干部学院
3 月 11 日 星期五	【专题讲座】凝聚思想共识 奋起复兴征程——学习贯彻党的十九届六中全会精神	吉林大学
	【研讨交流】如何捍卫“两个确立”、做到“两个维护”，把讲政治要求落实到每项工作中、每个岗位上？	中国海关管理干部学院
	【结业测试】	中国海关管理干部学院

【中国银行秦皇岛分行 2022 年综合培训项目】2022 年，受中国银行委托，学院共承办中国银行秦皇岛分行 2 期 116 人次的学习贯彻党的十九届六中全会精神暨基层党支部书记政治能力提升培训班，1 期 20 人次的中国银行秦皇岛分行新员工入职培训班。具体课程设计见表 5-12 和表 5-13。

表 5-12　中国银行秦皇岛分行学习贯彻党的十九届六中全会精神暨基层党支部书记政治能力提升培训班教学安排

日期	授课内容	师资来源
6 月 10 日 星期五	学员报到	
	开班式	
	主题党课	中国银行秦皇岛分行
	课间休息	
	【专题讲座】学习党的十九届六中全会精神总体解读	中共中央党校（国家行政学院）
	【视频教学】观看党风廉政建设警示教育片	
	【视频教学】开国大典	
6 月 11 日 星期六	【专题讲座】全国经济形势分析以及加快建设全国统一大市场专题解读	天津财经大
	【专题讲座】习近平总书记关于总体国家安全观的重要论述	中共中央党校（国家行政学院）
	【经验分享】基层党组织党务工作实操讲座	秦皇岛市委
	【专题讲座】习近平总书记关于加强干部作风建设的重要论述	天津市委党校
	【专题研讨】切实改进工作作风，实现高质量发展	
6 月 12 日 星期日	【专题讲座】“两个确立”的依据和决定性意义	中共中央党校（国家行政学院）
	结业仪式	

表 5-13　中国银行秦皇岛分行新员工入职培训班教学安排

日期	授课内容	师资来源
8 月 15 日 星期一	报到	中国海关管理干部学院，秦皇岛分行
	开班仪式	中国海关管理干部学院，秦皇岛分行
	中行历史、企业文化及秦皇岛分行历史及基本情况介绍	秦皇岛分行
	破冰、时间胶囊，给一年后自己的一封信	中国海关管理干部学院，秦皇岛分行

表5-13　续

日期	授课内容	师资来源
8月16日 星期二	网点常见个人金融业务介绍	开发区中心支行
	网点常见公司金融业务介绍	山海关兴华市场支行
	职场服务礼仪	外部师资
	指间韵律操：手工点钞	交易银行部
8月17日 星期三	核心银行系统基础知识	北岭支行
	营业网点基本规章制度及工作要求	运营部
	货币反假识别	运营部
	《员工实务操作手册》串讲	分行营业部
	技能操作系统讲解及练习	秦皇半岛支行
8月18日 星期四	厅堂服务营销综合技能提升培训	青龙支行
	员工违规行为处理办法	法律与合规部
	网点安全与消防演练	保卫部
	结售汇业务培训	交易银行部
	技能操作系统讲解及练习	山海关支行
8月19日 星期五	人力资源机制体制介绍	省行人力资源部
	手机银行——未来银行的制胜之道	省行个人数字金融部
	数字人民币介绍	省行支付清算部
	技能操作系统讲解及练习	秦皇半岛支行 山海关支行
8月20日 星期六	新员工廉洁从业	省行
	学制度、守底线、护发展基层网点实务操作解析	省行运营控制部
	银行卡业务发展和重点产品介绍	省行银行卡部
	交易银行业务发展和重点产品介绍	省行交易银行部
	技能操作系统讲解及练习	秦皇半岛支行 山海关支行
8月21日 星期日	公文写作、声誉风险及保密工作	省行办公室
	公司金融业务基础知识	省行公司金融部师资
	学制度、守底线、护发展基层网点实务操作解析	省行运营控制部
	技能操作系统讲解及练习	秦皇半岛支行 山海关支行
8月22日 星期一	技能测评考试	秦皇岛分行教务人员
	导师见面会暨结业仪式	行领导、业务导师、职业导师、新入职员工

【特色培训课程】2022年，中国海关管理干部学院完成《重走大钊路，寻迹五峰山》和《讲好长城故事，弘扬民族精神》两个现场教学课程视频的拍摄、编辑工作，经教培中心审核后安排在总署新任职副处级领导干部培训班等多期培训班中，收到良好效果。

引进中经网“抓好党的组织体系建设 把党的组织优势巩固好、发挥好”“弘扬张思德精神，践行全心全意为人民服务宗旨”“中国共产党对国家和民族做出的伟大贡献”等精品线上课程8门，选取廉政警示教育纪录片和纪录片《领航》《榜样6》《不朽的马克思》《理想照耀中国》等，有针对性地应用到各类培训班之中，多形式、多角度保证习近平新时代中国特色社会主义思想“进教材、进课堂、进头脑”。

【专业化师资队伍建设】2022年，学院新增系统外授课师资21人，除师资人数有所增加外，授课师资呈现出两大特点：一是师资力量规格高，系统外新拓展师资包括中央党校教授9人，清华大学、外交学院等知名院校专家学者12人，系统内授课教师包括省部级领导1人、厅局级领导9人；二是专业强业务精，授课教师为总署各司局、各海关单位综合推荐和学院综合遴选，均为专业领域内的行家里手，同时具备丰富的授课经验，授课效果受到学员普遍好评。

▲2022年9月9日，2022年第一期初任培训班开展中秋节活动

【网络教育培训中心】2022年，中国海关管理干部学院发挥网络教育培训中心作用，面对干部教育培训方式发生重大变革的全新课题，中国海关管理干部学院紧扣教育培训工作大局，开拓创新，探索网络培训规律，不断完善网络培训模式体系建设。全年共承办主体班次、监管业务类班次和涉外培训共计70期、14272人次、74265人天。网络中心总结网络培训工作的经验，从培训类型、课程设计、学员管理等方面进行拓展创新，在海关干部教育培训新业态下探索出一条规范化、高质量的网络干部教育培训路径。建章立制、规范管理。经过一年网络培训探索，学院出台了《网络教育培训管理办法》，制订《网络培训班主任工作流程》，与合作单位签署《线上培训委托服务协议》《初任培训线上培训委托服务协议》，进一步规范了网络教育培训的学员管理、教务管理、网络资源管理等，将网络教育培训融入学院的主责主业。加强

对线上班次带班教师的培训，明确带班职责，牢固掌握带班流程，确保带班工作零失误。拓展资源、布局广泛。年内，中心抓住机遇，开展多层次、多领域的线上培训。拓展培训类别。2022年，在常规主体班次的基础上，拓展了中青年领导干部理论研修培训（中青二班）、年轻干部党的理论和党性教育培训、兼职教师素质能力培训、处级领导干部专业化能力提升培训、纪检监察干部培训5个系统内培训类型，以及国际原子能机构辐射探测技术培训、出口管制执法培训2个涉外培训。主动联系合作。除总署计划内调训培训任务，积极拓展培训类型，不断加强与各海关单位的联系，挖掘办班潜力。年内，委托线上培训的单位包括全国海关系统42个直属海关单位和3个事业单位，合作单位进一步增多。引进课程资源。为丰富线上培训课程，从中经网等多渠道，引进课程14余门。开展特色活动，打造精彩“云端”。网络中心继续开展“云研讨”活动，同时大胆探索，精心设计各类线上特色活动。策划“忆入党初心”班级集体政治生日活动，如颁发一张“政治生日”贺卡、组织一次集中学习、重温一次入党誓词、开展一场思想交流、录制一份美好祝福等。开展“讲好党史故事 传承红色基因”班级主题活动。以“直播云参观”的形式，学员代表带大家领略各地独具特色的红色地标、聆听红色故事，深刻领悟党百年奋斗的重大成就和历史经验。开展“不忘初心 继续前进”读书分享会。围绕“四史”学习等内容进行读书感悟分享。组织兼职教师线上模拟试讲。发挥学院教师力量雄厚的优势，通过腾讯会议，线上面对面点评指导，线上培训实现线下效果。严格考核，严控效果。线上培训的人员管理难度大，培训班班主任多措并举实现精细化管理。设立“每日课前分享”制度，随机选定学员回顾前日课程内容，培养学员课上认真听、课后勤复习的良好习惯；“班委分组领学”制度，在时间安排上给予学员一定灵活性，确保人人能发言、课课有收获；“学习进度通报”制度，及时提醒学员关注课程学习进度；“分段测评考核”制度，将授课、自修、测试、撰稿等均匀排布，确保学习效果的持续性，培训节奏张弛有度；“课余生活监督”制度，适时安排准军训练、运动打卡等活动，同步关注学员身心健康，让培训维度得到延伸。培训班在严肃活泼的氛围中开展，学员学习积极主动性不断提高，学习效果显著提升。同时，为全面了解学员近期的思想状况、心理情绪及学习情况，定期开展“云班会”，及时把握学员动态，密切学员联系，营造班级集体氛围。夯实基础，做好保障。为满足大规模网络教育培训的需求，学院从技术保障、平台建设、多媒体配套设备及教学资源管理等维度给予了网络中心大力支持。建设完成3间网络直播教室及2间简易网络教室，教室空调、宽带等硬件保障到位。编辑线上教学视频40个，保障线上教学顺利实施。

【考试测评研究中心】2022年，中国海关管理干部学院考试测评研究中心完成“党的十九届六中全会知识测试”和“学习党的二十大精神知识测试”两个题库的建设工作，修订了《关衔晋升培训考试》题库；组织开展10场次525名初任培训学员的执法资格上机考试和70余期培训班的线上结业考试，提升了培训考试考核的科学化、信息化水平，提高了工作效率。

撰稿人

闫静静　杨　丽

教学、科研工作

【概况】2022年，中国海关管理干部学院推进教学、科研工作发展，发挥教学委员会和学术委员会作用，综合统筹学院教学课程培育、科研课题承担、教材编写、院刊建设和学科专业建设等工作，教学、科研工作取得一定进展。

【教学委员会工作】2022年，学院共组织开展两次教学委员会。审定8类培训方案，审议主体班次中落实习近平新时代中国特色社会主义思想“进教材、进课堂、进头脑”情况，2018年以来学院承训的主体班次评估情况，构建现场教学基地等事宜，发挥教学委员会对教学工作的决策、监督和指导作用。第一次教学委员会会议，审议教学成果奖励与项目培育、新课程开发等3项制度，原则上通过《中国海关管理干部学院教学成果奖励办法（试行）》《中国海关管理干部学院教学成果奖培育项目遴选与管理办法（试行）》《中国海关管理干部学院新课程开发管理办法（修订）》3项制度。审定《2022年边关海关业务骨干能力提升培训班培训计划》《2022年海关处级领导干部学习贯彻党的十九届六中全会精神集中轮训培训方案》《2022年海关执法一线科长（基层党支部书记）党建培训班培训方案》《2022年拟晋升三级关务督办衔级人员培训方案》《2022年拟晋升三级关务督察衔级人员培训示范班培训方案》《2022年年轻干部党的理论和党性教育研修班二班培训方案》《2022年全国海关新任科级领导干部培训班培训方案》《2022年总署机关副处级领导干部任职培训班培训方案》共8类教育培训方案，审定监管技术研究中心《海关查缉濒危野生动植物能力提升培训班培训方案》《海关固体废物监管实务培训班培训方案》《海关旅检、快邮渠道毒品查缉技能培训班培训方案》《海关旅检、快邮渠道监管设备应用培训班培训方案》《海关人工查验及设备使用培训班培训方案》共5类业务能力培训方案，审定海关防辐射探测培训处《2022年“一带一路”沿线国家（地区）辐射探测技术培训班培训方案》《2022年H986设备操作培训培训方案》、相关设备培训方案、《2022年反恐怖防范技能提升培训班培训方案》《2022年防扩散两用物项出口管制商品识别培训班培训方案》《2022年海关出口管制培训班培训方案》《2022年海关核辐射监测技术培训班培训方案》《2022年航空运输危险品培训班培训方案》共9类培训方案。第二次教学委员会会议，在教育培训方案中增加了最新的政治机关建设要求，将学习习近平新时代中国特色社会主义思想作为首要内容并且贯穿培训始终，从专题讲座、研讨交流、汇编学习资料等多方面切实增强习近平新时代中国特色社会主义思想学习入脑入心。在海关监管技术研究中心6类培训方案基础上新增加《海关维护国门安全能力建设线上培训班培训方案》《海关监管现场主动查发能力提升线上培训班培训方案》《海关旅检、快邮业务能力提升线上培训班培训方案》《海关论文写作线上培训班培训方案》4类培训方案，各培训方案中均增加习近平新时代中国特色社会主义思想模块和政治机关建设的学习内容，明确在海关防辐射探测培训处《“一带一路”沿线国家（地区）辐射探测技术培训班培训方案》等8类培训中增加了习近平新时代中国特色社会主义思想模块和政治机关建设的学习内容。教育培训处从学院党委高度重视、系统权威进教材、生动有效进课堂、刻骨铭心进头脑4个层面汇报了学院主体培训班落实习近平新时代中国特色社会主义思想“进教材、进课堂、进头脑”情况。修订《中国海关管理干部学院网络教育培训管理办法》和《中国海关管理干部学院考试测评研究中心管理办法》。对教学成果奖培育项目申报形成初审意见，15个项目根据内容关联性、学科长远发展和今后向更高级教学成果奖申报等原因进行整合。对教学质量评估准备情况进行梳理和总结，建立自评方案，准备开展学院办学质量自评，以进一步提高学院办学质量。同意将昌黎五峰山李大钊革命活动旧址、山海关长城文化博物馆、甲申史鉴馆作为现场教学基地。落实习近平新时代中国特色社会主义思想“进教材、进课堂、进头脑”的工作，将已有的培训成果相关材料及时进行梳理总结，汇编成册。组织学科、专业带头人组成评审委员会，增强拟开发新课程与学科、专业之间的联系，共同开发与海关教育培训紧密结合的新课程，修改和完善新课程开发申请表。

【教材编写】2022年，学院派员参与总署教材编写委员会相关工作及初任培训教材修订工作，落实总署教材建设的各项要求，同时，做好新一届分会组建工作，立足学科专业建设，进一步提升教材编审能力推动教材体系化发展。年内，为两期初任培训班共购置教材《公务员初任培训读本》1255本，并寄往各承训单位，校对、印刷、邮寄分发教辅资料《2022年海关公务员初任培训教材》1750本。为党的二十大精神轮训班购买党的二十大报告100本，《习近平谈治国理政》第四卷、《党的二十大精神辅导读本》、《党的二十大精神学习辅导百问》各10本。同时，通过收集和整理习近平总书记系列重要讲话文稿，以及总署党委领导讲话稿，汇编学员学习资料两册，并且及时更新内容。

【学术委员会工作】2022年，学院共组织召开5次学术委员会，将科研“十四五”规划、学科专业规划、科研制度、职称评聘中学术业绩认定等工作内容第一次纳入学术委员会的议事范围，切实履行学术委员会在学科建设、学术评价和发展中的职责。第一次学术委员会议，审议2021年科研成果奖励，共收到科研成果奖励申请79项，符合该办法的科研成果共64项。其中著作1部，获奖科研成果4项，软件著作1项，论文58项；审议了《中国海关管理干部学院学科专业建设经费管理实施办法（试行）》；审议了2022年海关总署科研项目申请，同意推荐5项科研项目参加本年度海关总署科研项目申报。2022年第二次学术委员会议，议定关于2022年专业技术岗位聘任人员学术材料的认定情况，经审核，刘福芸、龙学磊、孙晶姝、吴翔鸥、许玉婷、郑萱萱、吴婷雁、杨小龙、陈成、于佳鹏共10名人员填写的学术材料信息真实。第三次学术委员会议，通报2021年度秦皇岛市社会科学发展研究课题结项结果，学院教师申请的7项科研项目顺利结项；审议2022年职称评审申报人员的学术成果，对8名教师的科研业绩是否符合申报条件进行无记名投票。审定蔺婧、路长明、孙立华、闫静静、赵斌、侯永明、许玉婷7人符合职称评审的学术成果要求，并将结果上报学院专业技术职务聘任委员会。第四次学术委员会议，审议2022年科研工作会议安排；审议2021年度学院院级课题结题。对上一年度立项的院级课题进行结项，同意《十八大以来党的干部教育理论研究》《干部学院内部刊物特色培育研究》《智慧校园未来建设的探索与研究》《ERP系统下海关稽查应用探索与研究》4项课题结项，《我国对核安全的重要贡献研究》《以党史学习教育提升共产党员党性修养研究》《浅析〈礼记·学记〉教育思想对干部教育培训的启示》3项课题需进行3名同行专家评审。《海关教育培训资源库建设探析——以中国海关管理干部学院为例》《专利分析法构建教育创新技术选择模型的研究》《“一带一路”背景下海关监管促进贸易便利化的策略研究》申请延期，可参与2023年院级课题结项。院级科研项目作为培育项目，将继续开展，项目经费在学科专业经费中安排。审议2022年度学院学术著作出版资助申请，所有的申请需补充提交3名同行专家评审意见后再进行评审。审议《中国海关管理干部学院科研项目管理办法》《科研成果奖励办法》《学术专著、教材出版资助管理办法》《学术委员会章程》；审议通过《学院“十四五”科研工作规划》。审议学科专业规划和学科专业综述，落实每一位教师的研究方向。第五次学术委员会议，审议7个专业发展规划，同意各专业发展规划，并要求各专业继续对本专业方向教师的研究方向进行细化；审议2021年度学院院级课题结题，对《我国对核安全的重要贡献研究》《以党史学习教育提升共产党员党性修养研究》《浅析〈礼记·学记〉教育思想对干部教育培训的启示》提交的专家评审意见进行审议，同意以上3项课题结项；审议通过《中国海关管理干部学院学术委员会章程》《中国海关管理干部学院博士基金项目管理办法》。

【科研课题】2022年，中国海关管理干部学院紧扣“十四五”发展规划要求，推进学科专业建设，规范科研管理流程，稳步提升学院科研创新能力。年内，厘清科研项目底数，建立科研工作台账，制定一系列管理办法，做好学术委员会日常工作和科研日常管理工作。在制度建设上，摸清底数、完善制度，用规范化方式推进科研管理。对近年来所有的科研项目进行起底摸排，对项目的立项来源、经费情况等进行全面登记，全面梳理学院的科研台账。起草《科研项目管理办法》《学科专业经费管理办法》《博士科研启动费管理办法》，修订《学术委员会章程》《科研成果奖励办法》《学术专著、教材出版资助管理办法》；组织召开年度科研工作会议，总结科研发展的情况，制定工作方向，进一步提升了科研管理的水平；继续做好科研日常管理工作。本年度共完成《新中国海关干部教育培训发展史研究》《古代中国海关关税制度沿革研究》《跨境电子商务海关监管制度沿革研究》《改革开放以来中国海关监管制度沿革研究》4项署级课题申报，立项市级课题3项，出版专著1部。学院各级课题立项情况见表5-12。

▲2022年11月16日，学院召开2022年度科研工作会议

表5-12 学院各级课题立项情况

序号	级别	科研来源	申报类型	项目名称
1	署级	“中国海关史”专项研究署级课题申报	科研课题	新中国海关干部教育培训发展史研究
2	署级	“中国海关史”专项研究署级课题申报	科研课题	古代中国海关关税制度沿革研究
3	署级	“中国海关史”专项研究署级课题申报	科研课题	跨境电子商务海关监管制度沿革研究
4	署级	“中国海关史”专项研究署级课题申报	科研课题	改革开放以来中国海关监管制度沿革研究
5	市级	市政研会	科研课题	秦皇岛市红色文化资源挖掘利用典型经验调查研究
6	市级	市政研会	科研课题	乡村振兴背景下做好基层“两委”干部思想政治工作研究——以抚宁县榆关镇为例
7	市级	市政研会	科研课题	持续提升高校思想政治理论课教学实效性研究
8	院级	学院资助	专著	《海关新关员初任培训研究与实践》

【科研工作会议】2022 年 11 月 16 日，学院召开 2022 年度科研工作会议。教育培训处作科研工作报告，对过去一段时间的科研工作进行总结，李纪东副院长通报 2021 年度学院科研成果奖励情况。纪委书记蔺婧、副院长李纪东分别为海关法律研究中心、海关与国家安全研究中心揭牌。7 个专业代表围绕学科专业综述情况及学科专业建设发展的规划进行了汇报。陈晖院长从 5 个方面对科研工作提出要求。要充分认识科研工作的重要意义，科研工作是决定教学质量和学院办学实力的重要抓手。从遵循学科专业建设的规律角度做好科研工作，从专业综述起步，制定学科专业发展规划，再制定个人职业发展规划。从做好科研工作的角度配置学院的各项资源。高度重视人才建设，人才是做好科研工作的第一资源。要求教职工树立自信，既要认识到目前存在的不足，也要认识到当前发展面临的机遇，自信自强，艰苦奋斗，为学院科研工作做出新的贡献。

▲2022 年 11 月 17 日，纪委书记蔺婧在科研工作会议上为学院海关法律研究中心揭牌

【学科专业建设】1 月 13 日，中国海关管理干部学院发布《中国海关管理干部学院关于教职工学科专业归属的通知》，对申请参加学科专业建设工作的 44 名教职工的学科专业归属予以明确，要求各学科专业抓紧研究制定学科发展规划，明确任务分工、责任落实到人，共同努力完成学院学科专业建设工作各项任务目标。2022 年 6 月，学院召开学科建设专题会议，各专业带头人或学科专业代表汇报前期综述研究进展情况，重点介绍综述完成过程中人员分工、综述结构设计和综述初步成果。2022 年 7 月，学院召开学科专业负责人会议，研究学科专业综述完成情况。马克思主义理论学科专业把学科专业建设主要任务分为定性任务和定量任务，确立学科秘书人员，确立学科专业建设工作机制，研究前沿文献资料收集、整理情况和学科专业研究综述的撰写情况，明确了下一阶段的工作计划和工作进度。法学学科工作主要包括学科专业前沿文献资料收集、整理情况和学科专业研究综述的撰写情况梳理，明确了学科专业发展动态、学科专业支撑的意义、研究方法及理论应用逻辑，并为下一步法学学科专业建设指明了重点和方向。

【研究中心建设】2022 年 12 月，学院成立中国海关管理干部学院中国特色社会主义理论体系研究中心。为更好地开展习近平新时代中国特色社会主义思想研究工作，深入宣传贯彻落实党的二十大精神，推进学院学科专业建设规划实施，依据中共中央党校（国家行政学院）办学质量评估体系有关要求，学院成立中国海关管理干部学院中国特色社会主义理论体系研究中心并印发《学院中国特色社会主义理论体系研究中心章程》。

撰稿人

闫静静　杨　丽　陈　成

第六篇

中国海关防辐射探测培训中心（海关总署监管技术研究中心）建设

教育培训

【概况】2022年，中国海关防辐射探测培训中心共主办培训班10期，其中国内培训班6期、国际培训班4期。全年共培训学员1006人、2788人天数。教学培训方面，制订并完善《海关现场查验常用设备应用技能培训班培训方案》《“一带一路”沿线国家（地区）辐射探测技术培训班培训方案》《大型集装箱车辆检查设备操作培训班培训方案》《航空运输危险品培训班培训方案》等14套业务培训方案。在教学方案设计中，增加总体国家安全观的授课内容，促进参训关员对总体国家安全观的认识，增强维护国门安全的责任心。专题授课方面，继续秉承“专职为主、兼职为辅”理念，进一步完善课程体系建设，讲授“深入贯彻落实总体国家安全观，切实做好海关辐射探测”“海关核辐射监测工作规程”等课程20课时，其中“出口管制商品鉴别实务”在出口管制合规集训营中获得学员一致好评，展现了处室人员良好的素质和教学水平。

【业务能力培训方案】2022年，学院制订《口岸监管环节反恐怖防范技能提升培训班培训方案》《海关核辐射监测技术培训班方案》《出口管制海关执法培训班培训方案》《海关防扩散出口管制商品识别培训班培训方案》《大型集装箱/车辆检查设备操作培训班培训方案》《海关货运监管检查技能培训班培训方案》《海关货运监管现场主动查发能力提升培训班培训方案》《海关旅检、快邮监管主动查发能力提升培训班培训方案》《海关查缉常见禁限货物物品能力提升培训班培训方案》《海关查缉濒危野生动植物能力提升培训班培训方案》《海关固体废物监管实务培训班培训方案》《海关旅检、快邮渠道毒品查缉技能培训班培训方案》《打击走私综合治理工作能力提升培训班培训方案》《海关监管论文写作培训班培训方案》共14类业务能力培训方案，为下一步学院开展海关系统业务能力实训打好基础。

【涉外培训】2022年，中国海关管理干部学院与总署相关司局联合开展涉外培训共4期，邀请了国际相关组织专家对海关关员进行业务能力授课。11月，由总署综合业务司主办，学院承办了全国海关出口管制执法线上培训，世界海关组织战略贸易管制执法专家Vesna Vrachar出席开班式并致辞，培训全程由世界海关组织战略贸易管制执法专家授课，来自全国42

个直属海关单位的100名学员在线参加了为期3天的培训。12月，由口岸监管司主办，学院承办了全国海关《濒危野生动植物种国际贸易公约》履约执法线上培训班，联合国濒危野生动植物种国际贸易公约秘书处专家Sofie Hermann Flensborg出席开班式并致辞，培训全程由联合国濒危野生动植物种国际贸易公约秘书处专家授课，来自全国42个直属海关单位的120名学员在线参加了为期2天的培训。12月，总署综合业务司和学院联合主办联合国第1540号决议海关执法线上培训班，联合国1540委员会主席、特命全权大使Juan Ramon de la Fuente Ramirez先生的代表，主席办公室、墨西哥常驻联合国代表团副政治协调员Eduardo Alcibiades Sanchez Keisslich先生出席开班式并致辞，联合国1540委员会、中国外交部军控司、商务部产业安全与进出口管制局的领导和专家授课，来自全国42个直属海关单位的100名学员在线参加了为期2天的培训。12月，口岸监管司和学院联合举办国际原子能机构（IAEA）大型公共活动海关核安保培训班，培训班由IAEA专家全程授课，来自全国42个直属海关单位的98名学员在线参加了为期3天的培训。

撰稿人

孙晶姝

标准制定和刊物编辑

【概况】发挥“外脑”职能作用，提高服务海关能力水平。2022年，学院共统计完成并上报海关查发枪支弹药、爆炸物数据月度报表12期；统计全年口岸核生化监测数据，起草上报4期季度分析报告印发全国海关；承担“海关物流监控子系统核辐射监测应用”总署端管理员工作和海关监管技术专业委员会查验与安全管控分专业技术委员会的联络秘书工作；利用自身专业优势为全国海关提供自行研发的“大型集装箱/车辆检查设备培训系统”技术支持，收到长沙、厦门等10余个海关的申请；参加海关核辐射监测集成系统更新测试；编发4期海关监管实务与研究，收集审核稿件1011篇，修订《〈海关监管实务与研究〉刊物组稿规程》《〈海关监管实务与研究〉刊物审稿工作规程》《〈海关监管实务与研究〉刊物稿件评审专家管理办法》3项制度，完成刊物全新改版；上报1期口岸监管部门查获典型案例简报，收集各海关查获夹藏、固体废物、检疫类案例14篇；参与生态环境部主办的核应急大事记编写工作，提供海关参与国家核应急工作方面的素材；参与总署海关核辐射监测工作规程修订工作。

【行业标准制定】中国海关防辐射探测培训中心牵头组织起草的《海关门户式辐射探测设备现场校验技术规范》本年度正式获得总署批准立项。《海关门户式辐射探测设备现场校验技术规范》制定后，将为海关现场校验提供更有效的技术指导。这是学院首次牵头承担总署行业标准制定工作，填补了一项海关行业标准空白，体现了学院深度参与海关业务、服务海关技术发展能力的进一步提升。

【《海关监管实务与研究》刊物】2022年，海关总署监管技术研究中心执行编辑的《海关监管实务与研究》共出版4期，其中第1期为“应对贸易碎片化，强化新兴业态海关监管”专刊，第4期为“党的二十大精神与海关口岸监管实践”专刊。

2022年，编辑部共收到投稿稿件1014篇，同比增长25.81%。共刊载研究文章75篇。投稿稿件紧紧围绕征稿主题，以迎接宣传党的二十大为主题主线，认真落实

“疫情要防住、经济要稳住、发展要安全”重要要求，总结凝练海关口岸监管业务领域守国门促发展，高效统筹口岸疫情防控和促进外贸稳增长实践经验和工作成效，形成了丰硕的研究成果，营造了良好的研究氛围。

撰稿人

孙晶姝

科学研究

【概况】2022年，中国海关管理干部学院以完成署级课题为重点，积极推进科研工作迈向新台阶。2021年中心申请的两项署级课题“海关货物现场智能化安全筛查和查检辅助机器人设计与实现”和“基于中子活化分析的危险化学品检测技术”研究工作按计划稳步推进，于2023年结题；2022年，中心再次获批“改革开放以来中国海关监管制度沿革研究”和“跨境电子商务海关监管制度沿革研究”2项署级课题。此外，还承担了“RCEP背景下海关行政互助协查机制研究”“海关口岸监管系统干部队伍建设研究”等多项横向课题研究任务。2022年，中心全年共公开发表论文10篇，其中2篇为北大核心收录、1篇为中文科技核心收录、1篇为中文社会科学核心期刊收录，完成专著1册。

【国家安全学学科建设】2022年，学院突出海关特色，开展国家安全学学科建设。加强国家安全学学科及其项下专业建设，进一步深化海关特色。以总体国家安全观为指导，围绕《学院“十四五”事业发展总体规划》和建设“海关特色、国际先进、国内一流”学院的发展目标，以总体国家安全观为指导，以国家安全学学科建设为重点，成立海关与国家安全研究中心，组织撰写《海关监管理论与技术研究综述》和《跨境核安全管理研究综述》，研究编制两个专业的“十四五”建设与发展规划，分析专业建设现状、发展总体思路、重点任务、具体措施和实施保障，并在此基础上形成学科团队所有专业教师发展规划，初步建立了一支23人的学科教师团队，突出内涵式发展需求，稳步推进学科建设。

【IAEA协调研究项目“利用核辐射探测技术促进贸易安全与安保便利化”】2022年，由中国海关防辐射探测培训中心和中国原子能科学研究院核技术综合研究所联合申请的国际原子能机构协调研究项目“利用核辐射探测技术促进贸易安全和安保便利化”获批立项。国际原子能机构核安保司与成员方磋商后提出了一项关于促进贸易安全和保障的协调研究项目（CRP），即利用核探测技术探测CBRNE（化学、生物、放射性、核与爆炸物）和其他违禁品。本研究的重点是确定如何利用现有设备，使其作为供应链安全的附加层发挥有效作用。同时，促进贸易活动和增加税收。利用核探测技术促进贸易安全和保障的协调研究项目，是为应对全球威胁而开展的全面协调活动。

【署级课题“基于中子活化分析的危险化学品检测技术”】2022年，学院继续开展署级科研项目“基于中子活化分析的危险化学品检测技术”的研究工作，并申请结项。

该项目基于可控中子源的中子活化分析技术，使用可以控制的、安全系数高的中子源，利用中子活化后衰变到基态释放出的特征伽马射线为检测手段，可实时无损地对待检物品进行分析，大大提高了海关对危险化学品的监管能力。在科学准确度，检验速度、安全度上都有革命性的提升，为我国反恐、反走私提供了新的适用的技术手段。

【署级课题“海关货物现场智能化安全筛查和查检辅助机器人设计与实现”】2022年，学院继续开展署级科研项目“海关货物现场智能化安全筛查和查检辅助机器人设计与实现”的研究工作，并申请结项。本研究拟运用增强现实、5G、人工智能、物联网等信息技术，开发一类海关货物现场智能化安全筛查和查检辅助机器人设备，使用可替换机械臂智能机器人等辅助海关检查工作，进一步提升海关监管检查工作的智能化和高效化，推进“智慧海关、智能边境、智享联通”合作建设。

【监管司课题“海关口岸监管系统干部队伍建设研究”】2022年，完成口岸监管司课题“海关口岸监管系统干部队伍建设研究”。课题以针对全国海关口岸监管系统广大干部开展的有关调查问卷为基础，从年龄结构、政治面貌、教育背景、工作经历、工作负荷、工作氛围等方面总结了口岸监管系统干部队伍现状和特点，分析了人力资源、能力素质、队伍活力、激励保障、监督制约等方面存在的问题，并有针对性地提出相关对策建议。

【核心期刊论文《基于剪切波变换的辐射图像泊松噪声降噪技术研究》】2022年，青年教师许玉婷等在《原子能科学技术》上发表《基于剪切波变换的辐射图像泊松噪声降噪技术研究》。文章提出了一种基于剪切波变换的降噪方法。该方法能较好地去除辐射图像中的泊松噪声并保留边缘、细节信息，在视觉和量化指标上均优于传统降噪方法。

【海关监管技术设备研发检测实验室】2022年，中国海关管理干部学院积极探索和拓展产学研一体化发展新前景，扎实开展海关监管技术设备研发检测实验室建设。撰写《学院“产学研”一体化工作方案》，完成惟志楼902实验室改造项目，采购αβ表面污染仪和放射源等检测设备，完成实验室揭牌仪式的全部筹备工作。研制智能检测小车，充分做好门户式辐射探测设备现场校验各项准备工作，并积极联系天津海关开展实施。启动开展实验室CMA（检验检测机构资质认定）资质申报工作，根据质量管理体系要求准备《质量手册》《程序文件》等资质申报材料，起草《学院“产学研”一体化工作方案》。

撰稿人

孙晶姝

全调中心秦皇岛分中心建设

【概况】2022年，中国海关管理干部学院加强全调中心秦皇岛分中心建设，承办济南市打私能力提升培训班并签署备忘录，开展走私治理相关课题研究3项，编写教材1本，承办中国反走私大讲堂，成立海关法律研究中西，完成海关缉私专业研究综述初稿。

【教育培训】2022年7月18—23日，承办济南市打私能力提升培训班并签署备忘录，培训学员80人。

【课题研究】开展“反走私综合治理与边境行政互助合作工作机制研究”“自由贸易港及海关特殊监管区反走私综合治理研究”“国门生物安全防控与走私风险研究”等课题研究，承担编写《反走私综合治理》教材。

【承办“中国反走私大讲堂”】在济南市打击走私能力提升培训班上，“中国反走私大讲堂”开讲，来自总署缉私局、南宁海关缉私局、中央文明办、团中央等相关专家为此次培训班授课。结业仪式上，济南市打私办向学院、分中心赠送锦旗，感谢学院和分中心对打击走私工作的支持和对打击走私人才的培养。

充分发挥反走私宣传阵地的作用。做好“中国反走私”宣传矩阵的成果转化，运用到教学实战中，运用到反走私人才培养之中。8月8日，联合秦皇岛市海港区白塔岭街道办事处共同举办“法治开放日”活动，结合反走私“五进”普法宣传，组织辖区居民20余人到分中心参观。通过开展此次活动，增强了群众对海关工作的了解，提高了群众的反走私意识和法治意识，切实提升了反走私宣传阵地社会影响力。

【成立海关法律研究中心】中国海关管理干部学院海关法律研究中心于2022年11月17日揭牌成立。按照学院的总体安排，分中心承担海关法律研究中心相关工作。做好海关缉私专业建设，已完成海关缉私专业综述初稿12万余字。

撰稿人

孙晶姝　路长明

第七篇

对外合作交流

国际合作

【概况】2022年，中国海关管理干部学院推动对外交流高质量发展，国际合作工作初见成效。充分发挥国际原子能机构（IAEA）核安保一线官员能力建设协作中心等国际平台作用，再次申请获得IAEA协调研究项目，初步研究成果在WCO海关学术研究与发展伙伴关系大会（PICARD大会）上交流。成功举办IAEA和WCO多期培训项目，推动学院与荷兰王国海关局开展务实合作，签署战略合作协议。深度参与中国海关国际交流合作，参加中美、中俄、中哈核材料及其他放射性物质非法贩运工作组会议和IAEA、WCO等多次视频会议。参与海关"三智"建设，完成"三智"早期收获项目，向总署建言献策。多方咨询总署国际司和商务部有关部门，积极联系申请"WCO地区反恐、防扩散培训中心"和学院援外培训资质等事宜。

【国际原子能机构一线官员协作中心】2022年，中国海关防辐射探测培训中心作为IAEA核安保协作中心和国际核安保培训与支持中心网络成员，在国际核安保一线官员能力建设、利用核探测技术促进贸易安全与便利化等方面开展了大量富有成效的工作，获批IAEA协调研究项目"辐射探测促进贸易安全与安保便利化"，举办IAEA大型公共活动海关核安保培训班等培训，获得了IAEA、中国国家原子能机构（CAEA）及成员方海关等相关单位的高度评价。

【与荷兰王国海关局签署合作协议】积极主导推动与荷兰王国海关局的合作，11月7日，在海关总署副署长王令浚、荷兰王国海关局局长和荷兰驻华大使的见证下，院

▲2022年11月7日，学院与荷兰王国海关局签署合作协议

长陈晖与荷兰王国海关局国际司司长签署了合作协议。中国海关防辐射探测培训中心全程积极协调、主动沟通，起草协议文稿，为合作事宜打下坚实基础。协议约定双方致力于维护双边/联合培训伙伴关系、促进人员跟班作业与交流学习、开展学术及应用研究合作、推动双边/联合能力建设、共建“海关监管查验技能实训中心”，以及在海关培训、科研等相关领域国际合作中给予双边支持。该项协议是学院首次与国外海关单位签署合作协议，对于推动建设海关特色、国际先进、国内一流的干部学院具有重要意义。

【参加 PICARD 年会并做学术报告】2022 年 12 月 8 日，首次应邀在 WCO 海关学术研究与发展伙伴关系大会（PICARD 大会）上做学术报告。WCO 第 17 届 PICARD 大会于 12 月 8—9 日在比利时布鲁塞尔举行，中国海关防辐射探测培训中心青年教师侯永明，撰写的学术论文《辐射探测技术检测违禁品，促进贸易安全与安保便利化》被本届 PICARD 大会接收，并应邀在 PICARD 大会上进行主旨发言。这是学院教师的研究成果第一次被 PICARD 大会收录，并首次在大会中发言，介绍中国海关在辐射探测智能化研究领域的最新成果。中心的科研能力和水平得到了 WCO 的认可与肯定，以此增强中国海关声音、贡献中国海关智慧。

▲2022 年 12 月 8 日，学院教师侯永明首次在 PICARD 大会上发言

撰稿人

刘欣侠　孙晶姝

国内合作

【概况】中国海关防辐射探测培训中心积极参与国内合作。举办出口管制合规论坛暨出口管制合规集训营，筹备首届海关监管技术发展论坛暨海关监管技术设备展。深度参与海关“三智”建设，完成“三智”早期收获项目，向总署建言献策。多方咨询总署国际司和商务部有关部门，积极联系申请学院援外培训资质等事宜。积极申报建立河北省国际科技合作基地工作，向河北省科学技术厅申报建立国际贸易安全与便利化技术应用研究中心。同时，完善学院国际合作制度建设，起草《学院国际合作交流与教育培训“十四五”子规划》和《学院国际合作交流工作管理办法》，完成全年 11 期《公平贸易信息月报》编写工作。

【举办出口管制合规论坛暨出口管制合规集训营】为推动出口管制合规建设，搭建出口管制、经济制裁领域政府和企业沟通交流的平台，帮助跨境贸易企业了解国内外出口管制、经济制裁政策及动向，提升出口管制合规管理水平，2022 年 9 月6—9日，中心与中国报关协会成功举办以“变局和应对”为主题的出口管制合规论坛暨出口管制合规集训营。论坛邀请到中央对外联络部、商务部、总署等相关部门领导，相关企业、律师事务所、会计师事务所、院校和研究机构等出口管制合规管理人员参加，政府部门与企业管理者在论坛上共同分析国外出口管制、贸易制裁等国际政治经济形势，帮助企业抓住新机遇，应对新挑战，解决新问题，共同促进跨境贸易企业提升出口管制合规管理水平和能力。论坛受到各大媒体的广

▲2022 年 9 月 6 日，出口管制合规论坛暨出口管制合规集训营在秦皇岛举行，中心与中国报关协会进行签约仪式

▲2022年9月6日，出口管制合规论坛暨出口管制合规集训营在秦皇岛举行

泛关注，新华网和凤凰网等5家主流媒体进行报道，凤凰网、中国关务在线进行直播，凤凰网观看直播超过42.5万人次。

同时，共有来自40余家进出口企业、贸易服务企业的50余名代表参加了随论坛举办的出口管制合规集训营学习。集训营的举办为管理部门的出口管制工作人员和跨境贸易企业的出口管制合规管理人员提供了丰富的知识技能培训，助力我国政企提升出口管制合规管理水平，获得一致好评。本次出口管制合规论坛暨出口管制合规集训营的举办，展现了秦皇岛市良好的营商环境，有利于促进招商投资，拉动秦皇岛市地方经济发展，同时也扩大了学院在秦皇岛市、河北省和全国的影响力。

【编制《公平贸易与信息月报》】学院与苏州工业园区贸易与投资便利化促进会签署合作协议，承接全年《公平贸易信息月报》和《年度产业竞争力报告》编写工作。2022年，共编写11期《公平贸易信息月报》和1份《年度产业竞争力报告》。

【建立河北省国际科技合作基地】2022年，学院向河北省科技厅申报的国际贸易安全与便利化技术应用国际联合研究中心，被河北省科技厅指定为“河北省国际科技合作基地”。国际科技合作基地建设是河北省加强科技创新能力开放合作，加快构建国际科技合作平台体系，充分发挥引领示范作用的一项关键举措。近年来，学院大力倡导学科专业建设，走开放办学之路，中国海关防辐射探测培训中心和海关总署监管技术研究中心发挥国际平台优势，努力提升特色专业研究能力，不断拓展国际合作空间。申请建立国际贸易安全与便利化技术应用国际联合研究中心，有助于学院与国外知名大学、科研机构开展贸易安全与便利化技术合作研究，共同应对贸易挑战，提高贸易便利化程度，加强供应链安全管理，促进国际贸易秩序平稳。联合研究中心将突出体现海关特色、地方特色，充分依托和发挥河北省丰富的高校、研究机构资源优势，实现省内资源与国外优秀资源的对接。同时，联合中心将进一步搭建与相关国家和国际组织的交流合作平台，充分宣传展示河北省建设沿海经济强省的愿景，促进河北省更加积极、广泛地参与国际经济贸易交流，不断提升国际影响力。

撰稿人

孙晶姝

第八篇

综合保障

政务、办公保障

【概况】2022年，中国海关管理干部学院围绕学院“十四五”事业发展规划，高效推进年度目标任务和各项重点工作落实，统筹疫情防控和教育培训资源拓展，充分履行各项工作职责，扎实做好办文办会、校园文化建设、信息宣传、机要保密、档案管理等政务、办公保障工作。

【办文办会】充分履行办文办会和中枢协调职能。组织召开院长办公会16次、形势分析及工作督查例会11次、教育培训工作领导小组会议9次、疫情防控工作领导小组会议4次以及其他阶段性院级会议，统筹做好各项会议的议题制定、会务通知、会场安排和会议纪要等会务保障工作。接待总署和外单位来院领导共计25次，办理国际会议参会报批7次，发布网站通知、公告通报300余条，编辑每日动态400余条，下发重点工作督查单40余次，确保全院各项工作顺利开展。拓展教育培训资源，发挥学院教育培训工作领导小组办公室职能，组织召开教育培训工作领导小组会议，统计汇总教育培训计划，拟定教育培训资源出租出借协议，协调相关部门拓展教育培训市场，确保在疫情常态化背景下学院教育培训主责主业做大做强。

【对外合作交流】先后与69家国内外机构组织建立合作联系（其中院校12家、海关和行业50家、国际组织7家），与河北建材职业技术学院、对外经济贸易大学、秦皇岛海港区政府签订合作协议，与秦皇岛市发展改革委对接并成立中国海关管理干部学院与秦皇岛市对接工作专班，与秦皇岛市长城博物馆建立合作伙伴关系，共同

▲2022年7月6日，秦皇岛市海港区委书记张士兆至学院调研

▲2022 年 6 月 17 日，秦皇岛市海事局工会主席一行来学院调研

打造红色教育培训基地。

【完善治理体系】制订《中国海关管理干部学院完善治理体系提升治理能力工作方案》，深入贯彻“党的领导、依法治校、专家治学、民主管理、纪律严明”治理结构，通过“立、留、改、废”专项工作梳理规章制度 237 条，进一步完善学院制度法规体系，全面提升学院治理体系和治理能力现代化水平。

【信息宣传】扩大信息宣传力度，在“青春管干院”微信公众号上发布工作简报 11 期、接待来宾调研等信息 33 期。在凤凰网、长城网、《河北日报》、“学习强国”App 上推送“2022 年出口管制合规论坛”“中国海关管理干部学院与荷兰王国海关局签订合作协议”等学院重要活动新闻，提高了学院知名度和影响力。

【机要保密、档案工作】稳步推进档案保密工作，严格按照公文处理规则，处理文件 2484 份，审核发文 496 份。扫描文书档案、基建档案约 8 万页。组织修订《学院档案工作管理规定》等规章制度，对 11 类档案归档范围作了进一步明确，对归档要求及归档程序进行规范。召开 1 次保密工作会议，开展涉密人员、场所、设备全面检查和保密自查评估工作。组织开展学院 2021 年年鉴编纂工作，撰写《中国海关年鉴（2022）》学院供稿部分。

【校园文化建设】做好校园文化建设，制订“十四五”校园文化建设方案，总结、提炼学院核心价值理念，重新为学院楼宇、道路命名，构建学院浓厚文化氛围，完成学院楼名牌、路名牌、植物牌、标识牌、过街天桥牌等的设计和制作。更新学院宣传片，印制宣传册，更新校史展览馆部分内容。

撰稿人

周红军　单婷婷　高　健

科技建设和图书管理

【概况】2022年，中国海关管理干部学院坚持政治引领，强化使命担当，“聚焦上级决策部署”“聚焦学院中心工作”“聚焦一线工作需求”，全面提升科技引领和保障能力，为学院信息化建设提供了坚强有力支撑。2022年，积极开展智慧校园2.0需求调研工作，重点围绕系统架构、业务实现、项目管理及移动端应用等方面进行深入研究，为后续智慧校园建设提供依据；应对疫情影响，全力保障线上线下同步教学的顺利开展，高标准整体设计网络直播教学环境，实现了录播系统与“钉钉”直播平台的安全对接；做好全国“两会”、北京冬奥会和冬残奥会、党的二十大召开等重要敏感时期的网络安全保障工作，圆满完成公安部网络攻防演练任务；积极推进国产化替代，确保了学院网络及信息系统安全稳定运行；为落实学院“十四五”事业发展总体规划任务，积极开展《中国海关管理干部学院“十四五”科技发展规划》的撰写工作；发挥学科服务职能，突出馆藏特色，调整藏书布局，加强学科专业文献资源建设，提高藏书利用率；规划设计技术方案，突出前瞻性、引领性理念，突出信息化、大数据技术支撑，全面提升项目科技含量，为打造在国际上具有影响力的海关监管技术研究中心提供科技支撑；主动融入海关科研创新体系，加大署级科研项目攻关力度，积极推动学院6个署级科研项目建议书申报工作；积极探索“制度+科技”的管理模式，以信息化、流程化的思维，推进学院制度梳理和制度重构；履行管党治党政治责任，加强党风廉政建设，落实管控责任，推进反腐败斗争；及时分析意识形态形势，加强对敏感问题的掌握和分析研判，对重大事件、重要情况、苗头倾向性问题进行有针对性的引导。

【智慧校园2.0建设】2022年，学院智慧校园系统全面完成教务系统、培训系统、后勤系统、门户网站、协同办公、科研管理系统升级改造和应用，实现了课程设置、师资选聘、学员管理、房间分配、培训指南生成和学员接送站闭环管理，在此基础上，持续开展智慧校园2.0需求调研工作，先后与兄弟院校及业内知名企业建立联系，重点围绕系统架构、业务实现、项目管理及移动端应用等方面进行深入交流，整合各方成果完成《中国海关管理干部学院智慧校园 2.0 建设调研报告》，切切实实让智慧校园服务于学院综合管理，服务于广大教职工，为后续智慧校园建设提供依据。

【线上线下教学保障】2022 年，学院坚持以“保障有力、支撑引领、融合创新”为理念，助力学院教育培训工作提质增效。坚持系统思维，探索培训资源融合应用模式，实现录播系统与“钉钉”直播平台的安全对接，集成当前较为先进的设备完成网络直播教室的建设，高标准整体设计网络直播教学环境。实现线上线下同步教学工作的高质量开展，有效提升学院教学资源的应用效能，保障了全年 68 期，参训学员 14872 人次、75013 人天的线上培训。对接全院各处需求，满足各类会议保障需求。全年保障海关视频会议 127 场，海关法论坛 2 次，线上线下会议 26 次，国际交流会议 7 次。坚持创新驱动，及时响应培训线上教学新需求。在要求高、任务重的初任培训保障期间，学院多次组织召开专题会议，制订工作方案和应急预案，定期对视频会议设备进行巡检，及时发现线路和设备存在的问题和异常现象，消除隐患。全力保障培训各项工作包括日常教学需求、演讲比赛、中秋节活动、电影放映及 2 次初任培训结业式对接总署及 28 个海关直播工作的圆满进行，确保了图像、声音的传输质量。积极应对需求变更及可能出现的各类故障，有效提升学院教学资源的应用效能。

【网络安全和信息系统安全保障】2022 年，学院确保在全国两会、北京冬奥会、冬残奥会和党的二十大召开等重要敏感时期的网络安全，防范化解网络和数据安全重大风险隐患，完成公安部网络攻防演练任务，多措并举筑牢网络安全屏障。在学院相关载体向全院教职工宣传网络安全知识；建立“日报告”制度；每天对信息系统运行情况、终端情况进行检查监测；定期对所有业务信息系统开展漏洞扫描，对重要敏感信息系统开展渗透测试，及时排查发现并整改问题漏洞。优化网络安全管理模式，对信息系统进行安全加固，安排人员 37 天“7×24 小时”值班值守，接受科技司组织的远程督导检查；经过多次实战和演习，学院网络安全工作流程更加高效，队伍更加成熟，网络安全体系已初步形成，并在不断迭代完善中。积极推进国产化替代。根据总署安排，适时推进基础设施和应用系统的国产化适配，实现办公业务国产化。积极落实安全生产责任，开展安全生产大检查工作，及时发现问题并进行全面整改。为确保信息系统安全运行组织开展电源改造工作，实现关键基础设施的双路供电，确保信息化动力系统的安全稳定运行。

【特色图书馆信息资源服务】2022 年，学院对标省级党校图书馆工作评估指标体系，分析学院图书馆当前存在的主要问题，研究解决措施，制定图书馆三年发展规划。召开“学院图书馆工作委员会”第一次会议，明确发展方向；对标省级党校图书馆工作评估指标体系，分析图书馆当前存在的主要问题，研究解决措施，根据学院“十四五”事业发展规划的重点任务，结合各项业务发展现状及学院实际，制定图书馆三年发展规划。发挥学科服务职能，主动对接专业科学研究。突出馆藏特色，调整藏书布局，设立学科专业藏书独立区域，加强学科专业文献资源建设，提高藏书利用率；建立学科专业带头人服务群，及时了解学科专业文献资源需求，按需采购教学、科研、学科专业、岗位需求图书776册；为教师学科研究提供个性化文献传递10余次、50余篇；收集初任培训相关资料30余种，为学院特色培训提供并积累文献信息资源。做好学员和教职工服务保障工作。多渠道扩大数据资源供给，向广大学员、教职工推荐图书资源，提高利用率；改善阅览环境，增加阅览席位，延长开放时间；开展图书服务延伸到教室服务；做好两期初任培训保障工作，服务学员1354人次，借还图书720册，每周开馆60小时以上；联合工青妇开展“奋进新征程　建功新时代”读书活动；通过学院微信公众号推送4期图书馆资源建设及服务介绍；支援学院工会的“职工书屋”建设；联合监察室设立“廉政文化图书角”；支持学院校志、年鉴编撰工作。拓宽对外交流合作“朋友圈”。与上海海关学院、燕山大学、秦皇岛市图书馆等兄弟单位图书馆加强馆际交流，实现资源共建共享。起草《与上海海关学院图书馆合作意向书》，从资源、技术、服务、文化交流等方面探讨更为广泛的信息、资源共建共享，以促进图书馆综合服务能力和服务水平提高。

▲2022年7月6日，学院召开图书馆工作委员会会议

【海关总署监管技术研究中心项目网络建设】2022年，学院按照“三中心一平台”功能定位，完成北戴河新区项目信息化基础环境的设计及预算编报工作。与总署科技司沟通研究项目建设相关事宜，争取总署支持；按照《海关信息化工程项目管理办法》要求，组织人员进行项目整体设计和立项材料准备工作，完成了中心机房、网络系统、视频会议系统及多媒体教室的技术设计方案，特别是在规划、建设理念上体现前瞻性、引领性，突出信息化、大数据技术支撑，全面提升项目的科技含量，为一流干部学院建设打好科技保障基础。

【科研管理】2022年，学院科技信息处理清署级科研项目申报思路，指导各部门申报2022年海关总署级科研项目，辅助进行项目信息报送及审批工作，指导进行2021年部分科研项目验收工作。主动融入国家安全学学科建设工作，结合工作实际明确发展个人研究方向，积极与海关沟通联络，调研监管技术与信息化技术融合创新成果，探索与学科专业建设的结合点。

【科技管理】2022 年，学院结合专项整治整改工作，进一步梳理科技管理制度，并根据工作需要进行制度的废改立工作。为不断提升科技信息化建设和管理水平，修订完善《学院信息化应用项目管理实施细则》《学院网络安全管理实施细则》等 7 项制度；为不断提升图书馆的管理和服务水平，制定《学院馆藏数字资源使用管理办法》等 3 项制度；为了规范网上办事大厅管理，制定《网上办事大厅流程管理办法》，以上制度已全部通过院长办公会审议并印发。科技信息处积极探索“制度+科技”的管理模式，以信息化、流程化思维重新梳理学院部分制度，通过智慧校园网上办事大厅实现制度的信息化管理。

【纪律监督及党风廉政建设】2022 年，学院科技信息处压实党风廉政建设主体责任，增强党风廉政建设的自觉性，围绕总署下发的学习资料重点抓好各种法规文件制度的学习教育，利用总署集中通报的典型案例，讲深相关政策和纪律要求，抓好反面警示教育；认真贯彻落实中央《关于加强新时代廉洁文化建设的意见》，开设“品传统家训 扬清廉家风”专题讲座，进行纪法测试，以一对一谈心等形式开展常态化廉政警示教育，强化全员廉洁自律意识；利用专项整治工作成果，扎好制度的笼子，加强内控风险节点管控，紧盯重点岗位、关键环节进行管理，做好监督检查，提高制度约束力；严格执行各项纪律、流程要求，管理好人、财、物，加大监督力度，深化准军事化纪律部队建设，严格纪律执行，持续开展内务规范强化月活动，加固遵守中央八项规定堤坝；工作生活厉行勤俭节约，严把经费开支关口。

撰稿人

龙学磊　田　萌　徐　英

财务、资产管理

【概况】2022年，学院坚持以习近平新时代中国特色社会主义思想为指导，深入学习宣传贯彻党的二十大精神，认真落实全国海关财务工作会议精神，坚决落实“过紧日子”要求，集中有限财力优先保民生、重点保运转、精准保发展，克服学院资金短缺的困难，严格执行各项财务制度，通过统筹优化，分类保障，为各项业务工作的开展提供必要的财力保障。

【预算编制】2022年，根据海关总署印发的《海关总署关于编制2023—2025年支出规划和2023年部门预算的通知》文件要求，围绕贯彻落实全国海关工作会议精神，结合学院“十四五”发展规划，坚决落实“过紧日子”要求，编制学院2023年度预算。将学院各项支出全部纳入项目库管理，按照人员类项目、运转类项目、特定目标类项目分类申报入库。根据支出性质和用途，准确使用政府收支分类科目，全口径测算支出总额并反映项目支出需求，同时按照要求向财政部河北监管局报送预算相关材料。

【预算绩效管理】2022年，学院着重强化绩效责任意识，将绩效管理的理念和方法嵌入预算管理全过程，坚持做到勤俭建院、绩效优先。充分发挥绩效运行监控在预算执行阶段的监测作用，监测绩效目标是否如期实现，对发现的问题及时纠偏、调整；充分发挥绩效评价在决算阶段的检验作用，评价结果作为改进管理、安排下年度预算的重要依据。

【建立“过紧日子”长效机制】2022年，严格落实中央八项规定精神及《党政机关厉行节约反对浪费条例》要求，坚持开源节流与厉行节约并举，把资金花在刀刃上，按照有保有压、量力而行的原则，降低学院日常运行成本，重点做好海关总署监管技术研究中心项目资金保障。加大结转资金、当年预算等各项资金统筹力度，重点保障学院教育培训的各项支出，在保障学院正常运转的前提下，大力压缩非急需、非刚性支出，通过统筹优化、分类保障、提质增效，为学院改革发展提供财力保障。

【预算执行】2022年，学院实行全面预算管理与预算执行紧密结合，制定执行战略，把战略制定的目标变为实际行动。预算执行与学院各部门紧密联系，按实际需求填报用款计划，按计划推进预算执行，为后续合同履约、资金支付预留出充足的金额和时间，在日常执行预算时，积极与各部门沟通，强化预算执行管控，共同提高资金使用效益。

【核算管理】2022 年，学院按照政府会计制度要求，科学合理设置账套，准确录入各项期初余额，精准核算各项收入支出，加强专项经费及科研课题经费管理。不断规范财务管理和会计核算行为，依法依规办理财务报销事项，切实维护各项财务制度的刚性，避免违反财经纪律的事项发生。及时核对往来账款，联系并督促经办人员及时清理，避免产生长期挂账事项。核实财务会计和预算会计余额，对 2019—2021 年账务进行逐月核对，查找双方差异产生的期间，定位差异产生的原因及具体账务，进行结转结余调整。对餐厅改扩建项目在建工程余额进行分析，对政府会计制度转换及以前年度造成的错误账务进行更正及销账处理，保证餐厅改扩建和综合楼项目在建工程余额的准确性。

【决算编报】2022 年，学院根据《财务司关于做好 2021 年度部门决算的通知》要求，全面把握“健全现代预算制度”对部门决算提出的任务要求，及时启动决算编制工作，按时报送 2021 年度部门决算，在编制决算报告时做到收支真实、内容完整，经过多轮审核后顺利通过海关总署和财政部审核，对照部门预算，加强决算分析工作。同时按照学院工作安排，向全院做财务工作报告。

【决算批复及公开】2022 年，学院根据《海关总署关于批复 2021 年度部门决算的通知》要求，及时有序做好决算批复接收工作。深入整理分析决算数据，在接收决算批复后的 20 个工作日内，按照公开要求，按时保质在学院门户网上对部门决算相关资料进行公开。

【资产管理】2022 年，学院全年以购建的方式新增资产 1157 项。全年按时上报资产月度报表 12 次、资产季度报表 4 次，2 月开始编报 2021 年国管局资产年度决算报表、2021 年财政部资产年度决算报表、2021 年度中央行政事业单位资产管理绩效评价表，10 月开始编报 2022 年中央行政事业单位通用资产配置计划，均按照规定期限上报。根据相关规定，对学院固定资产管理实施细则进行了部分修订，对公有住房管理实施细则进行了全面的修订。根据固定资产产管理实施细则中的要求对固定资产进行盘点，开展固定资产盘点的前期工作，制订固定资产盘点方案，并通过公开的方式选定第三方机构为学院提供盘点服务。学院全年共有公有住房 7 处，其中学院自有房产共 3 处、外部租入房屋共 4 处，出租房屋均符合规定使用面积。完成制服选购工作，应参与自选人员 70 人，实际参与自选人员 64 人，参加制服首配人员为 2 人。

撰稿人

吴婷雁　郑萱萱　姜昊君

后勤保障

【概况】2022 年，学院后勤保障工作坚持支部工作与行政工作深度融合，以“吃得放心，住得顺心，行得安心，用得舒心”为目标，深入学习习近平新时代中国特色社会主义思想，贯彻落实党的二十大精神，积极推进学院“十四五”规划落实，积极推进后勤评估指标体系建设，认真落实工作目标管理计划，严格落实“过紧日子”要求，扎实开展各项工作。

▲2022 年 4 月 14 日，学院召开消防安全知识讲座

【培训服务保障】2022 年，学院狠抓管理，建立健全内部管理规范，加强成本核算，节约开支，在节流上做文章，牢固树立服务理念，在服务环节做到文明、周到、热心。全年共计接待用餐 104362 人次，客房接待总人数 1193 人，完成会议接待 448 次，茶歇服务 38 次，接站服务 479 人、41 次。出车 1160 次，安全行车 38901 千米。完成日常设施设备维修 5570 次，设备巡视 1236 次，消防巡查 626 次。

【成立政府采购领导小组和采购中心】2022 年，学院改革原政府采购与招投标管理委员会，合并招标组与采购组，成立政府采购领导小组和采购中心，改革原政府采购与招投标管理委员会组成人员，将政府采购管理部门、执行部门和主要需求部门纳入领导小组。修订印发《中国海关管理干部学院政府采购实施细则》，废除原细则和《中国海关管理干部学院招投标管理办法》，将招标管理作为一种采购方式纳入政府采购整体工作，进一步明确采购相关部门的职责、采购程序、采购要求，进一步细化零星采购的要求。起草印发《中国海关管理干部学院采购代理机构管理办法》，明确了代

▲2022 年 8 月 12 日，院长陈晖带队赴项目北区调研并指导工作

▲2022 年 4 月 21 日，副院长高建伟带队指导项目建设工作

理机构的选取办法、相关要求、职责义务及使用管理等。建立采购中心会议制度，包括采购代理机构随机抽取、采购方式确定、比选或询价评审等内容均通过会议决定。

【海关总署监管技术研究中心项目建设】 2022 年，在海关总署监管技术研究中心项目建设期间，得到了总署业务部门和学院党委以及项目建设领导小组的坚强指导、地方政府的大力支持，项目顺利推进。

在项目建设期间，项目现场多次进行临时封控，封控期间严格落实地方关于疫情防控的政策，在疫情期间做到了项目施工现场零感染、零密切接触者、零隔离者的佳绩。各参建单位在项目建设期间克服疫情封控、重污染天气管控等多种因素的影响，在项目各参建单位的共同努力下，2022 年年底项目北区施工任务基本完成，并通过监理单位组织的竣工初验工作；项目南区完成主体工程的施工。项目北区在施工期间还荣获由河北省住房和城乡建设厅颁发的“2022 年度河北省建筑施工安全文明标准化工地”的荣誉。在项目建设期间，学院党委书记、院长陈晖与副院长高建伟多次带队赴项目南区、项目北区实地调研并现场办公，指导项目的建设工作，从而保证了项目施工期间“零事故”的佳绩。项目建设工作，将进一步推进“三中心一平台”的建设工作，也为推进“智慧海关”建设，谱写中国特色社会主义现代化海关新篇章做出贡献。

撰稿人

王　维

第九篇

荣誉·名录

荣获 2022 年秦皇岛市直机关
“红旗基层党组织”“先锋共产党员”
“先进党务工作者”名单

一、红旗基层党组织（1 个）

教育培训处党支部

二、先锋共产党员（1 名）

于佳鹏　教育培训处　教师

三、先进党务工作者（1 名）

于东飞　人事政工处　七级职员

荣获学院2022年教师节优秀教师、优秀教育工作者、优秀合同制员工名单

一、优秀教师（3名）

刘雅婷　教育培训处　讲师
于佳鹏　教育培训处　讲师
赵　斌　海关防辐射探测培训处　讲师

二、优秀教育工作者（2名）

贺立鹏　人事政工处　七级职员
牛继豪　监　察　室　七级职员

三、优秀合同制员工（7名）

何　静　　贾　佳　　王亚楠　　申圣龙　　全锦花　　张向前　　朱柏柱

荣获学院2022年表彰奖励名单

一、个人嘉奖（10名）

杨艳华	教育培训处	处长
战　俭	海关防辐射探测培训处	处长
王立新	后勤保障处	处长
刘欣侠	海关防辐射探测培训处	副处长
路长明	海关监管技术研究处	副教授
周红军	办公室	七级职员
胡　苹	人事政工处	七级职员
王治有	后勤保障处	七级职员
杨小龙	教育培训处	讲师
张　星	教育培训处	教师

二、集体嘉奖（4个）

人事政工处（党委办公室、离退休干部办公室）

教育培训处

海关防辐射探测培训处

后勤保障处

附录

2022年学院制定的重点制度

中共中国海关管理干部学院委员会
中国海关管理干部学院关于加强
和改进新时代师德师风建设的意见

为认真贯彻落实《新时代公民道德建设实施纲要》，深入推进实施《中共中央 国务院关于全面深化新时代教师队伍建设改革的意见》，坚持“党校姓党”原则，不断提高学院教师思想政治素质和职业道德水平，努力打造一支“政治坚定、业务精通、令行禁止、担当奉献”的高素质教学科研人才队伍，根据《中华人民共和国教师法》、《中国共产党党校（行政学院）工作条例》和《关于加强和改进新时代师德师风建设的意见》精神，结合学院实际，提出如下意见。

一、加强和改进师德师风建设的重要性

1. 加强和改进新时代师德师风建设是加强学院人才队伍建设的重要内容，是实现“海关特色突出、国际有影响、国内一流的干部学院”发展目标的重要保证。学院教职工师德师风标志着培训工作者的思想道德水准，不仅关系个人名誉和学院社会声誉，而且影响着学院开展海关教育工作的成效和海关人才队伍建设的基础。全体教职工要从党和人民事业发展的高度充分认识加强和改进师德师风建设的重要意义，切实肩负起立德树人、教书育人的光荣职责，用高尚的道德情操、坚定的党性修养、良好的师德师风感染学员、教育学员，引领学员。

二、加强和改进师德师风建设的基本要求

2. 政治坚定，思想清醒。坚持以习近平新时代中国特色社会主义思想为指导，深入贯彻党的十九大和十九届二中、三中、四中全会精神，增强“四个意识”，坚定“四个自信”，做到“两个维护”，在思想上、政治上、行动上同党中央保持高度一致；在教学科研活动中坚持党性原则，一切言行都要有利于维护党的领导和海关声誉。

3. 爱岗敬业，为人师表。热爱海关干部教育培训教师工作，忠诚于党的干部教育事业，以培养造就忠诚干净担当的高素质专业化海关干部队伍为己任，自觉履行传播马克思主义理论、中国特色社会主义理论体系特别是习近平新时代中国特色社会主义思想的神圣使命。要

认真履行教师职责，勤奋工作，兢兢业业，精益求精，言传身教，教书育人，奉公守法，作风正派，团结协作，率先垂范，自觉践行和培育社会主义核心价值观，努力成为推动学院教育事业发展的专业人才。

4. 严谨笃学，求实创新。刻苦钻研，养成求真务实的治学态度，恪守严谨笃学的良好学风，秉持终身学习理念，不断更新知识结构，积极探索创新教学方法，深入实际，调查研究，严禁弄虚作假、剽窃他人成果，不断提高科研水平和为海关服务的能力。

5. 业务精湛，能力突出。加强理论和业务学习，刻苦钻研业务，深入调查研究，总结实践经验，不断探寻教学规律，努力提高教学能力和研究、探索中国特色社会主义建设规律、国家治理体系和治理能力现代化的能力，积极推进和改进教学工作。

6. 自尊自律，作风过硬。自觉遵守党纪国法，严格遵守学院的各项规章制度，坚持带头践行社会主义核心价值观，遵守中央八项规定，弘扬正气，艰苦奋斗，廉洁从教，不得利用工作之便，吃拿卡要，谋取私利，不得从事与教师身份不符的不道德行为，以端正的师德师风影响学员，自觉维护海关教师形象。

三、加强和改进师德师风建设的主要措施

7. 强化政治纪律。坚持“党校姓党”原则，紧紧围绕学院干部教育培训事业，用习近平新时代中国特色社会主义思想武装教师头脑。健全教师理论学习制度，开展习近平新时代中国特色社会主义思想系统化、常态化学习，重点加强习近平总书记关于教育的重要论述的学习，使广大教师学懂弄通、入脑入心，自觉用“四个意识”导航，用“四个自信”强基，用“两个维护”铸魂。定期开展教师思想政治轮训，使广大教师更好掌握马克思主义立场观点方法，认清中国和世界发展大势，增进对中国特色社会主义的政治认同、思想认同、理论认同、情感认同。

8. 强化师德师风教育。学院把加强师德师风建设、弘扬尊师重教传统作为教师队伍建设的首要任务，学院党委将教师思想政治和师德师风建设作为其主要职责。实施新时代师德师风建设工程，通过开展各种形式的师德师风教育，组织广大教师认真学习《教师法》、新时代教师职业行为十项准则等系列文件；在读书学习活动中，增加师德师风有关内容，突出对高尚师德师风的学习；利用各类评比表彰活动，选树身边师德师风先进典型，大力褒奖高尚师德师风行为；大力开展师德师风宣传活动，利用校园网、校刊、宣传栏等平台，开展生动活泼、形式多样的宣传报道；举办师德报告会、师德演讲等活动，使良好的师德师风深入人心，为师德师风建设营造良好的舆论氛围。

9. 强化课堂教学纪律。进一步落实《授课教师课堂行为规范》《教师授课资格认定及课程开发管理办法》。教师作为课堂教学活动的传授者、主持者、协调者，要高度重视课堂教学，自觉遵守各项纪律要求，要压实学院主要负责人、分管院领导、培训处室及教师主体责任，对教学内容严格把控，不传播违反“四项基本原则”和与党的路线、方针、政策相抵触的错误观念和思想，自觉维护党的权威，传递社会正能量。

10. 强化诚信体系建设。落实完善《中国海关管理干部学院学术委员会章程》《科研成果、论文、著作等奖励办法》等相关科研制度，进一步规范学术活动行为，加强对科研咨询活动的管理。对申报业绩、成果弄虚作假，剽窃他人成果等各类学术不端行为，一经查实，及时提交学院学术委员会，根据专家组调查意见和有关政策规定做出严肃处理。处理方式包括取消申报项目资格、延缓职称评聘或职务晋升、解除职务聘任等，触犯法律的要追究法律责任。

11. 完善评价考核体系。把师德师风建设作为学院办学工作考核和办学质量评估的重要指标，将师德师风表现作为教师年度考核、岗位聘任（聘用）、职称评审、进修访学和评先选优等的重要依据，对表现突出的优先推荐，对违反师德师风行为者，五年之内，在人才遴选、优秀教师、优秀教学科研专项奖等奖励中实行“一票否决”，在专业技术职务评聘、岗位等级晋升和行政职务晋升中实行“一票否决”；完善师德师风评价内容和方法，健全学术不端行为预防查处机制，探索构建学院干部职工、教师、学员参与的师德师风监督体系；对表现不良的，及时劝诫、督促整改，对有违背师德行为、影响恶劣的，依法依规严肃处理。

12. 强化纪律规定约束。学院教职工要严格遵守党风廉政建设、院内财务管理等各项规章制度要求。如发现有违反师德师风的行为，相关部门要及时提醒劝诫，教职工所在部门负责人要及时与其沟通谈话，经劝诫和沟通仍不改正的，学院人事、纪检部门进行诫勉谈话，并根据情节轻重按照有关规定严肃处理。

13. 强化教师权益保障。学院要依法保障教师履行教育职责，关心、爱护广大教师，切实维护教职员工的合法权益，为教师维护合法权益提供必要的法律等方面支持。制定学院改革发展和教师队伍建设重大决策、重要文件要广泛征求教师代表意见建议。学院党政领导要经常性深入教学科研第一线开展调查研究、听取教师意见，及时发现和解决教师在工作和生活中的实际困难。做好优秀教师荣誉表彰奖励。

四、切实加强对师德师风建设的领导

14. 师德师风建设是一项长期而复杂的系统工程，贯穿于学院工作全过程，要将师德师风建设作为一项事关学院建设和人才培养全局的大事抓紧抓好，纳入学院事业发展总体规划。要在学院党委的统一领导下，明确责任分工，抓好制度落实。按照部门职能划分，由人事政工处牵头，教学培训处室重点落实、其他部门共同参与，监察室监督检查，在全院形成各处室紧密配合、齐抓共管的良好局面。

中国海关管理干部学院教职工国（境）内外访学管理办法（试行）

第一章 总 则

第一条 为适应建设具有海关特色、国际先进、国内一流的干部学院需要，积极推进人才强院战略，培养具有国际视野的专业人才队伍，规范教职工国（境）内外访学的管理，制定本办法。

第二条 选派教职工参加国（境）内外访学应在保障正常教学科研、管理服务等各项工作的基础上，坚持统筹兼顾、按需选派、注重实效的原则，有计划、有组织地实施。

第二章 访学项目、人数及时间

第三条 出国（境）访学项目。

（一）政府公派出国（境）访学：指国家留学基金委等部门资助的各类国家公派留学项目，海关总署资助的公派留学项目。

（二）学院公派出国（境）访学：指学院派出并资助或国（境）外友好单位资助到国（境）外知名院校、科研院所、实验室等进行的访学进修项目。

第四条 国内访学项目。

（一）政府公派国内访学：指海关总署等主管单位（部门）实施的教师国内访问学者项目。

（二）学院公派国内访学：指学院派出并资助到国内知名院校、科研院所、实验室进行的访学项目。

第五条 其他特殊情况报学院另行研究确定。

第六条 政府公派国（境）内外访学人数、时间以上级批复为准。学院公派国（境）内外访学人数，根据人才队伍建设需要和经费情况确定，访学时间一般不超过1年。

如因特殊原因确需延长访学时间的，须在正常访学时间结束前1个月向学院提交书面延期申请，待学院批准同意后，方可延长访学时间，访学项目最长延期半年。

第三章 申请条件

第七条 基本条件：

（一）拥护党的领导，热爱社会主义祖国，具有良好的政治素质，爱岗敬业，师德教风良好，有学成后为学院建设发展服务的事业心和责任心；

（二）身心健康，能顺利完成访学工作和学习任务；

（三）具有坚实的理论基础和较强的专业能力，积极从事教学、科研工作，教学效果好，科研能力强；

（四）申请访学的内容须与从事岗位的工作和专业相符或相关。

第八条 重点选派优秀中青年学科专业带头人、教育培训骨干，参与省部级及以上纵向科研项目并结合课题进行具有实质性合作研究的教师。

第九条 政府公派国（境）内外访学应符合相应资助项目的选派条件。

第十条 学院公派国（境）内外访学条件：

（一）在编在岗连续工作满2年，且近2年年度考核结果无“基本合格”和“不合格”等次；

（二）申请国（境）外访学须具有高级职称或具有博士学位，年龄一般不超过50周岁（具有正高级职称的可放宽至55周岁），外语水平应符合国家公派出国留学外语合格条件；

（三）申请国内访学须具有中级及以上职称或具有硕士学位。

第十一条 自国（境）内外访学结束返院工作之日起，原则上3年之内学院不再安排国（境）内外访学。

第十二条 有下列情况之一者，申请不予批准：

（一）不服从工作分配或未完成学院布置的工作任务；

（二）受党纪政纪处分在处分期内的；

（三）申请调离学院期间；

（四）进修学历期间；

（五）其他不适合选派的情形。

第四章 审批程序

第十三条 个人申请。本着自愿申请原则，申请人自行联系接收访学单位，取得访学单位的正式邀请函。向所在部门提交书面申请。

第十四条 部门初核。所在部门、所属学科对申请人及其申请材料进行资格条件初核，经分管院领导同意后，将相关材料报送人事政工处。

第十五条 资格审查。人事政工处汇总申报情况并会同有关部门审查相关材料及资格条件，报分管人事工作院领导审核。

第十六条 研究决定。国（境）内外访学事项由院长办公会审议，并对结果进行公示，公示时间不少于5个工作日。公示结果不影响国（境）内外访学的，按有关规定办理访学手续。

政府公派项目另有规定的，从其规定。

第五章 资助及待遇

第十七条 政府公派国（境）内外访学经费按项目通知执行。

第十八条 学院公派国（境）内外访学经费由学院、访问学者共同承担。资助内容包括一次性往返路费、住宿费、学费费等。

国（境）外访学项目资助的人员，学院每项目资助最高10万元。国内访学项目资助的人员，学院每项目资助最高3万元。具体额度根据资助项目情况确定。在本市的访学项目不提供路费、住宿费资助。

第十九条 国（境）内外访学的人员，个人先行垫付有关支出。在访学结束并返院工作后，凭相关证明材料及合法票据进行报销。

第二十条 教职工访学期间的工资福利待遇、年度考核等按学院在职人员管理的相关规定执行，访学人员可正常参加学院的职称申报、岗位竞聘、评优评先等。

第二十一条 有下列情况之一的，学院不予资助或不予报销任何费用：

（一）未经学院批准，或虽经批准但未按规定办理相关手续者（签订协议，办理离、回院手续）；

（二）未能按规定完成访学计划和任务者；

（三）在访学期间因个人原因给学院造成不良影响或受党纪政纪处分者；

（四）未经学院批准，擅自延长期限或逾期不归者；

（五）未经学院批准，擅自提前结束访学日程者。

第六章 管理考核

第二十二条 获政府公派国（境）内外访学资助人员应按项目要求按时成行；获学院国（境）内外访学资助人员应在6个月内成行。

无特殊情况未能在规定时间内成行的，取消本次访学资格。如因特殊情况确需延期派出的，访学人员需向学院提出书面延期派出申请，按规定程序经审批同意后方可延期派出。

第二十三条 访学人员派出前应与学院签

订访学协议书，明确访学研究任务和目标，返院后按协议规定进行考核。访学结束后 1 个月内，向教学委员会、学术委员会提交书面研究报告，开展一次相关研究领域国际国内最新研究动态及研究成果的专题公开讲座，教学委员会、学术委员会对成果进行考核。同时，向人事政工处提交书面访学总结和鉴定材料。

第二十四条 访学人员的考勤由所在部门负责，并在上报的考勤表中及时记录离岗时间、到岗时间等考勤情况。访学期间，访学人员须每季度向所在部门书面汇报学习、工作及科研进展等情况。

第二十五条 获得资助的访学人员，应根据项目要求取得一定的教学科研成果，且应按规定署名中国海关管理干部学院。

第七章 服务期及违约责任

第二十六条 国（境）内外访学教职工，返院工作服务期为 5 年。若访学之前与学院签约服务期未满的，访学返校工作服务期为未满服务年限与上述相应服务年限之和。

第二十七条 服务期内申请调离或辞职的，应按协议在离校前返还上级和学院所支付的资助金等相关费用，并赔偿违约金，（违约金依协议约定，下同），退还访学期间的工资及福利待遇。如不按期偿付或偿付金额不足，学院有权按规定追索，并追究其法律责任。

第二十八条 访学期内申请调离或辞职的，应承担违约责任，退还访学期间的全部工资及福利待遇，并赔偿违约金。

第二十九条 访学结束后教职工应按时返院工作。

如因特殊情况不能按时返院工作的，访学人员应提前向学院提交书面申请，按规定程序经审批同意后方可延期返院，工资福利待遇等按学院相关规定执行。

无特殊情况未按时返院工作，或虽经批准延期仍未按时返院工作的，学院按相关规定对其进行处理。

第八章 附 则

第三十条 本办法由人事政工处负责解释。

第三十一条 本办法自发布之日起施行。

中国海关管理干部学院教职工学历（学位）进修管理办法

第一章 总 则

第一条 为进一步优化人才队伍建设，全面提升学院教职工教学科研、管理服务能力，规范教职工学历（学位）进修管理工作，结合学院实际制定本办法。

第二条 学院鼓励教职工参加博硕学历（学位）进修，重点支持博士学历（学位）进修。

第三条 学院按照队伍建设规划对教职工学历（学位）进修情况统筹安排。

第二章 申请进修条件

第四条 教职工申请进修学历（学位），一般应满足以下条件：

1. 具有良好的政治素养和职业道德，认真履行岗位职责，业务能力强，工作实绩突出。

2. 在学院工作满 2 年（从正式入院之日到

考取进修单位后正式入学之日）以上。

3. 近 2 年内无违规违纪情况和教学、管理事故。

4. 近 2 年内年度考核结果无“基本合格”和“不合格”等次。

第五条　教职工申请进修学历（学位），须报考国家计划内非全日制定向培养类别，申请进修的专业方向、内容应与本人工作岗位相符或满足学院发展需求，进修集中脱产学习时间累计不超过 1 年。

第三章　审批程序

第六条　各部门接受本部门教职工自主申请，根据学科专业建设或工作需要择优推荐。

第七条　教职工报考攻读学历（学位）应履行以下申请程序：

1. 在校园网上填报《中国海关管理干部学院教职工培训申请表》，随附意向进修单位的招生简章等相关材料。

2. 所在部门对符合进修条件的人员择优推荐，经部门分管院领导同意后报人事政工处。

3. 人事政工处研究提出审核建议，经分管人事工作的院领导审核后报院长办公会进行审议。特殊情况下，人事政工处可请示分管人事工作的院领导同意后报院领导会签。

4. 经批准同意后，申请人方可报名参加考试。如当期未考取，2 年内只需向本部门及人事部门备案即可继续报考。申请人在收到录取通知后，须主动签订《中国海关管理干部学院委托培养博士、硕士研究生协议》（见附件），否则学院不予以支持和资助。

第四章　进修管理

第八条　教职工进修期间的工资福利待遇、年度考核等按学院在职人员管理的相关规定执行，进修人员可正常参加学院的职称申报、岗位竞聘、评优评先等。

第九条　教职工进修期间，应自觉遵守学院和进修单位各项规章制度，维护国家和集体利益，努力完成学习任务，提高自身专业能力和业务水平，不得从事与派出身份不相符合的活动。

第十条　教职工应按照进修单位的规定，积极完成进修任务，在规定的培养期限内完成学业，不得超过进修单位规定的最长学习年限。教职工超过期限未能取得相应证书或不能毕业的，学院停止支持和资助。

第十一条　教职工未完成规定的进修任务、或进修期间违反纪律规定、或无特殊情况未经允许中途退学的，学院停止支持和资助，该教职工 5 年内不得再次申请学历（学位）进修。

第十二条　教职工取得学历（学位）后，须完成 5 年的服务期，服务期自取得学历（学位）证书后开始计算。

第十三条　对完成进修取得博士学历（学位）的教职工，学院给予一定数额的科研项目资助经费。资助标准按照学院《博士人才引进配套措施（试行）》（管干院办〔2021〕33 号）中科研启动费标准执行，资助等级由学院学术委员会审定。资助经费从学院年度科研项目经费预算中支出，经费使用按照学院《科研项目经费管理办法》（管干院办〔2022〕3 号）执行，经费使用期限最长不超过 4 年。

第十四条　教职工在进修期间或进修后的服务期内要求离职的，学院可不予办理手续；教职工坚持离职的，须将学院在进修期间发放的工资福利待遇，以及学院科研项目资助经费等一次性退还学院。

第五章　附　则

第十五条　本办法自颁布之日起施行，学院其他制度规定与本办法不一致的，以本办法为准。

第十六条　本办法施行前，教职工已经学院批准正在进修学历（学位）或已完成进修但尚未得到资助的，执行本办法。

第十七条　本办法由人事政工处负责解释。

附件：中国海关管理干部学院委托培养博士、硕士研究生协议（格式样本）

中国海关管理干部学院领导班子成员联系青年教师工作办法

第一条　为切实加强青年教师的培养工作，增强青年教师思想政治意识，提高青年教师教学科研水平，帮助青年教师熟悉海关工作、快速成长成才，建设一支高素质专业化的教师队伍，根据学院人才队伍建设的相关要求，结合学院青年教师队伍状况，制定本制度。

第二条　联系青年教师工作坚持以习近平新时代中国特色社会主义思想为指导，加强对学院青年教师的关心、教育和引导，培养青年教师的敬业精神、师德师风，帮助提高青年教师能力水平，建设一支政治素质优、业务水平高、创新能力强、发展潜力足的优秀青年教师队伍。

第三条　联系对象为学院 40 岁以下青年教师，重点为新入职青年教师。每名院领导联系 1-3 名青年教师。学院党委根据人员情况变化，动态调整联系名单。

第四条　主要任务

（一）院领导要坚持政治引导，坚定青年教师的理想信念。

（二）院领导与所联系青年教师保持经常性的思想交流指导，培养青年教师实事求是的工作态度和严谨治学的精神，引导青年教师尽快熟悉海关和学院工作。

（三）院领导对青年教师的职业发展、教学、科研等方面进行指导，充分调动青年教师的积极性和创造性，引导和鼓励青年教师积极参加学院各类活动，培养青年教师主人翁态度和集体荣誉感。

（四）院领导要关心所联系青年教师生活和身心健康，帮助青年教师解决工作和生活中的实际困难。

（五）以一年为一个联系周期，周期内院领导与所联系青年教师需完成“三个一”的联系任务，填写《院领导联系青年教师“三个一”统计表》（附件）。

1. 一项教学科研成果。帮助青年教师了解所在学科科研情况，合理选择并确定研究方向。院领导指导所联系青年教师完成一项教学科研任务。

2. 一次教育培训工作评估。指导教师开展教学实践，并提出整改提高意见。院领导需对所联系青年教师授课或带班进行一次跟班作业，并对其工作情况开展评估。

3. 一次赴海关实践锻炼。院领导与所联系青年教师前往海关单位学习交流，帮助教师熟悉海关业务情况。

（六）院领导要通过多种形式了解青年教师的思想动态和要求，听取其对学院或所在部门的工作意见和建议，不断提高工作成效。

（七）青年教师要主动与院领导联系，汇报工作思想情况。

第五条　每年 8 月由人事政工处协调确定院领导联系青年教师名单，并对上一个联系周期工作开展情况进行总结。

第六条　本办法由人事政工处负责解释。

第七条　本办法自印发之日起执行。

附件

院领导联系青年教师“三个一”统计表

学院领导：　　　　联系青年教师：

一项教学科研成果	完成事项			完成情况		完成时间	主要内容
	撰写文章□	申报课题□	开设课程□	已完成□	未完成□		
一次教育培训工作评估	完成事项			完成情况		完成时间	主要内容
	随堂听课□	检查带班情况□		已完成□	未完成□		
一次赴海关实践锻炼	完成事项			完成情况		完成时间	主要内容
	调研□	跟班作业□	送教上门□	已完成□	未完成□		

中国海关管理干部学院建设高素质专业化干部队伍实施意见

为深入贯彻落实党中央建设高素质专业化干部队伍要求，海关总署党委加强和改进干部工作的要求，着眼学院干部队伍建设长远发展，结合学院实际，提出如下意见。

一、指导思想

以习近平新时代中国特色社会主义思想和党的十九大精神为指导，坚决贯彻新时代党的组织路线，落实“信念坚定、为民服务、勤政务实、敢于担当、清正廉洁”好干部标准，按照“忠诚、干净、担当”要求，以坚定理想信念为根基，以提高能力素质为关键，以严格监督管理为保障，以调动学院干部积极性、主动性、创造性为着力点，强根基、提素质，抓培养、补短板，严管理、强考核，树导向、重激励，着力建设新时代高素质专业化干部队伍，为实施学院“十四五”事业发展总体规划提供坚强组织保证。

二、目标任务

——理想信念更加坚定。深入学习贯彻习近平新时代中国特色社会主义思想，坚定对马克思主义的信仰、对中国特色社会主义的信念，增强“四个意识”、坚定“四个自信”、捍卫“两个确立”、做到“两个维护”。

——素质能力显著提升。大力发现培养和选拔综合素质好、德才兼备的优秀干部，持续加强思想淬炼、政治历练、实践锻炼、专业训练，实现干部的政治能力、科学决策能力、改革攻坚能力、应急处突能力、群众工作能力、抓落实能力不断提升。

——队伍结构持续优化。立足今后 5 年干部队伍建设需要和长远发展规划，保证使用上有梯队、选择上有空间。着力培养一批优秀年轻干部和高层次高学历人才，促进中层领导干部年轻化、博士和硕士人才比例化，满足队伍发展实际需要。

——干部队伍更具活力。统筹选育管用，厘清干部队伍脉络，优化干部队伍环境，释放干部队伍活力，着力构建崇尚实干、带动担当、加油鼓劲的正向激励体系，干部担当作为、干事创业的氛围更加浓厚。

三、具体措施

（一）持续深化理论武装。坚持以习近平新时代中国特色社会主义思想为指导，深入推进政治建院，落实“第一议题”制度，完善“1341”工作模式。坚持党委理论学习中心组学习、专题学习和干部自学制度，推进学习型党组织和干部队伍建设。通过研讨交流等形式，把理论学习与深入思考紧密结合起来，在坚持融汇贯通上下功夫，引导教育干部把学习成果转化为干事创业、攻坚克难的不竭动力和实际成效。以“六化”（态度明朗化，统领具体化，任务清单化，人员专业化，学习经常化，考核标准化）为抓手，扎实做好基层党建工作，推动基层党组织全面进步、全面过硬。

（二）强化能力素质提升。加强党员干部政治能力训练和政治实践历练，不断提高把握方向、把握大势、把握大局的能力，提高辨别政治是非、保持政治定力、驾驭政治局面、防范政治风险的能力。以强化领导能力为重点，提高领导干部运用党的科学理论解决实际问题、推进创新发展的能力。围绕学院总体目标，提升专业能力，弘扬专业精神，实施干部能力提升计划，每年至少组织 1 次中层领导干部的专题培训，优化知识结构和提升业务能力。采取岗位实训、拓展培训等方式，使干部成为精通业务的行家里手。中层领导干部每 5 年参加培训累计时间必须达到 3 个月或 550 学时以上，其他干部参训时间每年累计不少于 12 天或 90 学时。

（三）优化干部队伍结构。坚持党管干部原则，落实好干部标准，突出政治标准选拔培养干部，大力选拔善于从政治上观察分析处理问题、政治敏锐性和政治鉴别力强的干部，尊崇党章、严守政治纪律和政治规矩的干部，关键时刻站得出来、顶得上去的干部。进一步完善中层干部选拔任用办法，统筹考虑年龄、性别、经历、专业等因素，形成培养锻炼、适时使用、定期调整的动态管理工作机制。优化中层领导干部年龄结构，让能干事、干成事的年轻干部早日走上领导岗位，中层领导干部中 40 岁以下的不少于 1/10。实施高层次人才重点引进计划，出台制度鼓励教职员工在职攻读硕博学位，优先选拔高层次人才，逐步提高中层领导干部中高层次人才的比例。

（四）树牢主责主业导向。坚持教学科研主体地位，将专业化要求与干部学历、经历等有机结合。对综合素质好、发展潜力大的优秀年轻干部，通过岗位交流、挂职锻炼、担任临时重大项目负责人等方式进行培养锻炼。落实中层领导岗位选拔任用、职员选升与教学科研挂钩制度，在同等条件下，优先选拔具有教学科研一线经历且工作业绩突出的干部，中层领导干部中有教学科研经历的比重不低于 60%。

（五）深化干部实践锻炼。聚焦重大工程、重大项目、重点任务，推动队伍建设与中心工作深度融合，在解决突出矛盾、破解发展难题中提高干部能力水平。建立教职员工实践锻炼常态化机制，优先选派青年干部到海关一线岗位交流锻炼，增加海关阅历、促进能力提高；拓展与地方党政机关、企事业单位、高校（含党校、干部学院）之间的干部交流渠道。

（六）推动岗位交流任职。坚持人岗相适、人事相宜，推动管理岗位人员交流、专业技术岗位人员交流以及管理岗位与专业技术岗位之间人员交流。根据实际工作需要，积极发挥教职工专业特长、优化成长路径，鼓励各部门开展部门内部岗位交流。聚焦教育培训主责主业，鼓励教职工到教学科研一线经受锻炼。担任教学科研工作的部门负责人，应当具有与本岗位相关的专业教育背景或者具有从事本行业专业工作的经历。

（七）科学考核评价干部。不断优化完善干部考核机制，以德才表现为依据，以干事创业为导向，根据各领域岗位特点、专业特色和工作性质建立评价体系。积极推进平时考核、专项考核，经常性近距离接触干部，切实把干部考准考实。强化考用结合，用好巡视巡查、审计和“四种形态”的监督机制，把急难险重中的工作表现作为干部选拔任用、评功评奖、绩效考核、问责追责的重要依据。对政治上不合格的一票否决。

（八）加强日常监督管理。把行为管理和思想管理统一起来，把工作圈管理和社交圈管理衔接起来，加大对重要岗位、敏感部门领导干部的监督力度。坚持领导干部个人有关事项报告和抽查核实等制度，持续抓好“跑官要官”“买官卖官”“带病提拔”和“裸官”等专项整治，规范领导干部亲属经商办企业，推动从严管理监督常态化长效化。强化党委全面监督、纪检监察部门专责监督、党的工作部门职能监督、党的基层组织日常监督、党员民主监督，构建科学严密的监督体系，形成强大监督合力。

（九）发挥正向激励作用。坚持事业激励、有为有位，树立讲担当、重担当的鲜明导向，从实践实干实效实绩选拔任用领导干部。完善荣誉表彰制度体系，落实《荣誉体系建设管理办法》，树立担当作为、崇尚苦干实干的良好风尚。查处诬告陷害行为，狠刹乱猜测、乱议论、乱编造、乱告状等不良风气，推动形成勇于担当作为、敢于抵制歪风邪气的良好政治生态。建立完善教职员工身心健康关怀机制，开展经常性谈心谈话，落实基本生活保障、特殊困难补助等政策，帮助解决实际困难，让他们安心、安身、安业。充分发挥工会、共青团、妇委会作用，丰富文化生活，陶冶文化情操，提升福利待遇，增强集体荣誉感、自豪感。

本办法自印发之日起执行，原《中国海关管理干部学院建设高素质专业化干部队伍实施意见（试行）》（管干院党〔2021〕31 号）同时废止。

中国海关管理干部学院网络教育培训管理办法（试行）

第一章　总　则

第一条　为规范学院网络培训班管理，促进网络培训工作制度化、规范化，根据《干部教育培训工作条例》、《2018—2022 年全国干部教育培训规划》等规定，结合学院实际，制定本办法。

第二条 网络培训按照统一规划、分级负责、整体推进、分步实施的工作部署，坚持以人为本的原则，以干部需求为导向，以网络为载体，以学分制管理为手段，为实现海关干部教育培训“全覆盖、多方式、高质量”目标提供基础保障和优质服务。

第二章 组织机构和职责

第三条 网络教育培训中心挂靠在教育培训处，负责学院网络培训工作的整体统筹安排。

第四条 网络教育培训中心主要职责为：

（一）负责制定学院年度网络培训计划；

（二）负责制定网络培训相关制度；

（三）负责举办培训网络平台应用培训；

（四）负责网络培训平台功能的研究；

（五）负责协助网络培训项目的课程设计、教务管理、学员管理；

（六）负责开展网络培训需求调研，拓展网络培训市场；

（七）负责编制年度网络培训评估报告；

（八）负责协调网络培训平台及设备的日常运维；

（九）组织到全国有关网络培训机构学习考察；

（十）完成学院交办的其他工作任务。

第三章 教务管理

第五条 起草培训班办班通知。

第六条 协助教学管理部门，根据不同培训主题进行课程设计，合理安排引进课程及直播课程。

第七条 协助教学管理部门精心选聘校内外优质师资，协助教学委员会对外聘教师政治纪律与授课技能进行审查，并与授课教师签署《课堂政治纪律承诺书》。

第八条 授课平台实施统一管理。

第九条 制作、发放、回收、分析网络课程评估资料并存档。

第十条 收集、汇总网络授课资源并存档。

第四章 班级管理

第十一条 建立两个层级的班主任管理员队伍，即：由教培中心、学院教师等有关人员担任一级班主任，由各直属海关具体负责同志担任二级班主任。

第十二条 学院网络教育培训一级班主任要求能熟练掌握网络平台操作使用，并具有数据加工整理能力，其选聘参照《中国海关管理干部学院班主任管理办法》（管干院办〔2021〕67 号）执行。

第十三条 学院网络教育培训一级班主任职责为：

（一）全面了解培训目的和要求，起草培训须知。

（二）熟练掌握网络学习平台的各项功能、操作方法，指导、督促派员单位完成学员报名工作。

（三）负责组织实施培训班开班式、入学教育、学员论坛、结业式等。

（四）联系协调授课师资，提前做好网络备课，对授课教师进行授课技能培训。

（五）负责课堂全程实时监控，随时协调解决授课过程中遇到的问题。

（六）自学材料汇总，并及时发布至学习群。

（七）负责起草领导讲话。

（八）负责报送培训信息，制发结业决定。

（九）负责组织教学评估、培训评估等工作，确保客观真实。

（十）制作院内教师的课时统计表。

（十一）制作外聘教师预、决算表，办理相关报销手续。

（十二）负责培训结算工作。

（十三）负责做好培训班的档案资料收集和移交归档。

（十四）应对学员网络培训过程中提出的有关问题，实行定期答疑，并及时对已经解决的问题进行归纳总结，以群公告形式在“常见问题”中列明，供学员查阅。

（十五）负责完成网络教育培训中心交办的其他事项。

第十四条 学院网络教育培训二级班主任管理员职责为：

（一）负责完成学员报名、学时学分登记和学员档案管理。

（二）负责督促学员日常学习。

（三）协助一级班主任完成其他工作。

第十五条 学员网络培训情况实行在线学习数据定期发布制度。培训班结业后，一级班主任统一汇总学习数据，报网络教育培训中心。

第五章 培训评估

第十六条 网络培训班培训评估实行百分制管理。具体评估办法参照《中国海关管理干部学院培训评估管理办法（试行）》（管干院办〔2021〕67号）执行。

第十七条 培训班一级班主任负责发放网络培训评估表，并配合二级班主任督察学员评估完成情况（网络培训评估表详见附件1）。

第十八条 网络培训评估表由网络教育培训中心收集汇总。

第十九条 教育培训处负责评估反馈。

第六章 学籍管理

第二十条 网络培训班实行学分制管理。

第二十一条 培训考试考核成绩合格且操行评定合格者，准予结业，颁发电子结业证书，获得学时学分。

第二十二条 未完成课程学习累计超过总学时1/7的，不予结业；考试、考核不合格的不予结业。

第二十三条 建立学员培训电子档案。学员参加网络培训情况、测试或考核结果等相关材料将存入网络培训电子档案，以年度进行数据存档分析。

第七章 应急处置

第二十四条 学院网络教育培训中教学事故认定和责任追究适用《中国海关管理干部学院教学事故认定和责任追究办法》（管干院办〔2021〕67号）。

第二十五条 授课教师在授课过程中出现违反政治纪律的言论时，应及时通报中心负责人，暂停本场直播，调换成相同内容的录播课，并与授课教师进行及时沟通，查找问题，分析原因，按违反课堂政治纪律相关规定处理。

第二十六条　总署统一安排需要调整教学计划时，应按照总署要求应及时调换课程，并第一时间通知相关老师，协调科技部门做好网络技术对接，将重新调整好的课表核对无误后，发送各海关二级班主任。

第二十七条　授课教师突发疾病或者因临时原因不能按时上课时，应由一级主任第一时间报告网络教育培训中心负责人，经领导审议后安排有资质的其他教师代课，或使用相同内容的录像课作为备选课，或将线上课程调整为其他活动安排，并第一时间通知各海关二级班主任。

第二十八条　当直播授课过程中出现网络中断情况时，应紧急排查掉线原因，第一时间联系授课教师，重新发起线上直播的相关操作；若短时间内无法恢复直播，则联系授课教师将课件或者相关学习资料发送至学员群，由学员自行学习，待授课教师更换场地或者设备正常运转时，再重新发起直播，继续授课。

第八章　技术保障

第二十九条　网络培训硬件设备的日常运营维护和技术保障由科技信息处负责。

第三十条　网络保障。每间教室均部署冗余互联网线路接入，分别为联通专线、学院校园网，正常上课时使用学院校园网络进行直播，当出现网络故障时切换至联通专线进行。

第三十一条　科技信息处配备了冗余的直播计算机和笔记本电脑，短时间可完成替换。

第三十二条　科技信息处安排专人对直播教室进行实时监控。如遇设备故障问题，应第一时间响应，并及时处理。

第九章　网络直播教室管理

第三十三条　网络教育培训中心负责网络直播教室管理事宜，包括教学活动的统筹安排、直播教室的申请审批、使用情况的汇总上报、教学资源管理、协调各有关部门进行相关保障以及对外接口工作。

第三十四条　科技信息处负责各类科技设备日常运维及教学会议活动保障工作，包括信息化保障方案制定、设备部署调试、信息化基础环境的定期巡检测试及教学会议活动保障等工作。

第三十五条　后勤保障处负责基础环境建设维护，包括安全、保卫、消防等工作的管理，教学与会务保障，以及卫生、门窗、空调等日常维护工作。

第三十六条　各部门或个人使用网络直播教室，须提前填写网络培训教室使用申请单（见附件 2），经中心审批后，按照统一安排有序使用。

第十章　电子证书管理

第三十七条　网络教育培训中心负责电子证书制作。

第三十八条　网络教育培训中心对电子印章实施统一管理。

第十一章　附　则

第三十九条　本办法由教育培训处负责解释。

第四十条　本办法自发布之日起执行。

附件：1. 中国海关管理干部学院网络培训

评估表（略）

2. 中国海关管理干部学院网络培训教室使用申请单（略）

中国海关管理干部学院教学成果奖励办法（试行）

第一条 为充分调动学院教师的积极性和创造性，鼓励教师积极开展干部教育培训研究，深化教学改革，不断提高教学水平和教学质量，根据国务院《教学成果奖励条例》，结合学院实际，制定本办法。

第二条 教学成果是指反映干部教育培训规律，具有创新性、实用性，对提高干部教育培训质量、实现培养目标产生明显效果的教育教学成果，主要包括课堂教学、教学研究成果和教学管理成果三类。

第三条 凡是以学院名义取得各级教学成果奖的集体或个人均依照本办法给予奖励。

第四条 具备下列条件的，可以申请教学成果奖：

（一）学院首创的；

（二）经过 1 年以上干部教育培训实践检验的；

（三）对干部教育培训产生重要影响的；

第五条 教学成果奖包括国家级、省部级、院级（含市级），奖励标准详见附件。

院级教学成果奖分为特等奖、一等奖、二等奖、三等奖四个等级，以学院名义予以表彰奖励，并颁发证书。

第六条 申报国家级、省部级教学成果奖，从院级教学成果特等奖、一等奖、二等奖中择优推荐。

第七条 教学成果奖每 2 年评审一次，特等奖比例一般不超过 15%，一等奖比例一般不超过 25%。

省级及以下同一项目多次获奖不重复奖励，以最高级奖励为准。

第八条 教学成果奖由学院教学委员会负责，由教育培训处组织实施评审工作。

第九条 教学成果奖的申报程序为：个人或课题主要负责人提出申请，由教学委员会进行初审，相关专家进行评审。

第十条 教学成果奖评审工作坚持公平、公正、公开原则，实行公示制度，公示期为 5 个工作日。对评审结果有异议的，在公示期内以书面形式实名向教学委员会提出，由教学委员会裁定。

第十一条 获得教学成果奖应记入本人档案，作为职称评定、评优评先的重要依据。

第十二条 教学成果获奖者弄虚作假或者剽窃他人教学成果的，取消相应奖励，收回其荣誉证书及奖金，并根据情节轻重报请有关部门予以处理。

第十三条 本办法由教育培训处负责解释。

第十四条 本办法自公布之日起施行。

附件

中国海关管理干部学院教学成果奖励标准

级别		奖励金额（元）
国家级	特等奖	300000
	一等奖	200000
	二等奖	100000
省部级	特等奖	100000
	一等奖	50000
	二等奖	20000
院级（含市级）	特等奖	15000
	一等奖	10000
	二等奖	8000
	三等奖	5000

中国海关管理干部学院教学成果奖培育项目遴选与管理办法（试行）

第一章 总 则

第一条 为进一步推动学院干部教育教学改革，鼓励学院教师积极从事干部教育教学研究，发挥教学成果的引领激励作用，不断提高教学水平和培训质量，总结并推广干部教育培训实践中的先进经验和做法，根据国务院《教学成果奖励条例》，结合学院实际，制定本办法。

第二条 本办法所指教学成果，是指反映干部教育培训规律，具有创新性、实用性，对提高干部教育培训质量、实现培养目标产生明显效果的教育教学成果。具体包括：

（一）课堂教学，包含专题讲座、现场教学（含实训教学课程）、线上教学课程等；

（二）教学研究成果，包含教材、论著、论文或研究报告等；

（三）教学管理成果，包含教学设计、教学组织与管理或培训实施方案等。

第二章 项目申报

第三条 培育原则

（一）问题导向。教学成果奖培育以问题为先导，重在解决干部教育培训过程中的现实问题，满足干部教育培训创新发展的需要。

（二）协同培育。以协同培育为引领，整合学院内各类资源，加强与政府、企业、高校、科研院所的合作，创新人才培养体制、机制、推进人才培养模式改革。

（三）突出重点。培育项目应在前期基础好、预期成果多、实践效果优、推广应用强的项目中遴选产生，具有相同、相近学科和专业背景的项目应予以归并，或选择其一进行培育；同一个项目或类似项目只能在三类中择其一类进行培育。

第四条　培育项目范围：能够在学院干部教育教学工作中经重点建设和培育能够产生较高水平教学成果的项目。已获得院级、省部级和国家级奖励的教育教学成果不在培育范围内。

第五条　立项要求

（一）项目应依托学院学科和专业建设，具有较强的学科专业基础，学院鼓励方向相近、专业建设内容相似的项目进行交叉整合；

（二）项目应创新为引领，具有示范性和指导性，能够深化教育教学改革，对学院干部教育培训工作产生积极的影响和作用，并具有推广价值；

（三）项目应具有实用性，培育的教学成果应在理论上或实践上有所突破，经过1年以上干部教育实践检验，取得明显实效的成果。

第六条　申请培育项目的个人或集体的主要成员，须符合下列条件：

（一）坚持政治原则，热爱干部教育事业，具有良好的思想品德和业务水平；

（二）近两年内，主要负责人无一般及以上教学事故，其余人员无重大教学事故；

（三）申请培育教学成果的主要成员，必须直接参与成果的方案设计、论证及实施的全过程，并做出主要贡献。

第七条　学院原则上每两年组织一次培育项目申报工作，实行限额申报。

第八条　项目申报材料

（一）项目主要负责人提出申请，填写《中国海关管理干部学院教学成果培育项目申报表》（附件）。

（二）提供成果培育项目已有基础的证明材料。

第九条　工作程序

（一）培育项目负责人根据学院培育项目的申报条件和相关要求，填报《中国海关管理干部学院教学成果培育项目申报表》，并提交相关申报材料。

（二）教育培训处组织开展申报材料形式审查。

（三）教学委员会组织学科、专业带头人组成评审委员会，对申报项目进行评审。

（四）教育培训处根据评审结果，报请院长办公会审批后公示，公示期为5个工作日，公示无异议后发文公布。

第三章　项目管理

第十条　管理职责

（一）教学委员会负责培育项目的评审、验收鉴定工作。对学院教学成果发展规划及培育项目提出意见和建议；评审各申报项目；参与中期检查和结题验收及成果鉴定。

（二）学科、专业带头人负责对培育项目进行指导、完善工作。对各申报项目进行指导并提出建议，指导和督促培育项目的发展和完善。

（三）教育培训处负责组织实施培育项目的具体工作。根据学院培育项目管理办法的要求，制定培育项目实施的具体方案；组织培育项目的申报、立项、中期检查、结题验收、档案管理等工作。

第十一条　项目培育周期一般为2年，周期内不能完成的，最多可申请延期1年。

第十二条　培育项目经批准立项后，学院将给予一定的经费资助，从学科专业发展经费中列支。培育经费分三期划拨，第一期占经费总额的40%，第二占经费总额的30%，在中期检查后根据检查结果予以划拨，第三期占经费总额的30%，在项目验收结题后划拨。

第十三条 在项目立项1年时，学院组织开展中期检查，由项目负责人提交中期检查报告，并组织专家及学科带头人对培育项目进行逐一指导，完善项目方案，落实培育任务。每年年终，按照方案对教学成果培育项目进行考核。

第十四条 在结题验收时，项目负责人须提交结题报告书、项目经费使用清单、反映项目实施及其效果的支撑材料。

第四章 附 则

第十五条 本办法由教育培训处负责解释。

第十六条 本办法自发布之日起试行。

中国海关管理干部学院
新课程开发管理办法

为进一步加强一流干部学院建设，规范课程开发流程，依据《中华人民共和国教师法》、《干部教育培训工作条例》、《中国共产党党校（行政学院）工作条例》，结合学院实际，制定本办法。

第一条 指导思想

坚持以学习习近平新时代中国特色社会主义思想为首要任务，紧紧围绕海关中心工作，开发具有理论性、实用性的干部教育培训课程，不断提高干部教育培训的针对性、精准性、有效性。

第二条 主要目标

挖掘学院人才潜力，调动学院专兼职教师参与教学培训工作的积极性和创造性，研究开发具有海关特色、符合海关教育培训需要的课程，进一步规范学院新课程开发程序。

第三条 管理机构

教育培训处、海关监管技术研究处、海关防辐射探测培训处是课程开发的管理机构，承担课程开发的管理工作。学科、专业带头人负责指导相关学科的新课程开发。

第四条 申报资格

本院专兼职教师均有课程开发资格，须具备以下条件：

（一）忠诚于党的干部教育事业，信念坚定，具有较高的思想政治素质和职业道德修养。

（二）具备较强的教研科研能力，较高的专业理论水平和专业知识、技能。

（三）所开发的课程具有正确的价值取向、学术价值、使用价值，符合干部教育培训需要。

第五条 开发流程

学科、专业带头人可以根据学院学科建设和培训需求，规划新课程开发方向。专兼职教师根据学科专业确定拟开发的具体课程，向教学委员会办公室提交“中国海关管理干部学院课程开发申请表”（附表一）。经教学委员会审定，于每年寒假前发布课程开发计划，确定拟开发课程。如有急需急用课程，按开发流程临时申报。

（一）课程开发。

新课程开发以教师个人（或教师团队）为主来进行，要体现学术的严肃性、前沿性、原创性和实用性。新课程内容不能与自己以往的专题有雷同，即使有相关联的内容，也不得超过新课程内容的 30%。各专业带头人有责任组织本专业团队成员对新课程开发提供指导和帮助。

（二）课程初评。

课程开发完毕后，填写“中国海关管理干部学院课程开发结项申请表”（附表二），向课程所属专业带头人提出课程初评申请。申报教师在专业团队内对新开发课程进行说课和试讲，专业带头人负责对开发课程的课件、教案和试讲内容进行初审。

（三）结项申请。

通过初审的新课程，由专业带头人填写推荐意见后，报教学委员会评定。评定时需提交“课程开发结项申请表”、新课程相关资料。

（四）评定标准。

一是符合干部教育培训需要，具有针对性和实用性；二是教学目标明确，教学内容新颖，教学方法多样，有新观点、新理论、新经验；三是课程资料齐备，包括：教学大纲、教案（讲义）、课件 PPT 或教具等。

（五）结项认证。

教学委员会组织召开专题会议，组织专家对所开发新课程进行评审认证。经教学委员会评审认证后，评审结果报院长办公会批准后结项。

（六）其他。

正高级专业技术职称人员、司局级领导申报新课程，可直接向教学委员会办公室进行备案。

第六条　奖励机制

学院设立新课程开发专项经费，经教学委员会评审通过并经院长办公会批准结项的新开发课程，学院给予一次性奖励。奖励标准为每课时 750 元，按实际课时奖励。

第七条　使用管理

教学主管部门如实记载教师授课情况和评估结果。主要包括：

（一）对授课教师进行教学指导，跟踪考核新教师开课以及开设新课程的教学效果。

（二）对授课教师实施教学质量评估，向授课教师反馈。

（三）评估结果作为是否继续聘用的依据，连续三次低于 90 分的，该课程不再纳入教学计划，授课教师也可重新备课申报。

第八条　课程备案

教学委员会负责结项课程的备案工作。

第九条　相关说明

（一）课程开发成果由开发人所有，学院和开发人共同拥有对课程的使用权。

（二）经学院批准，到学院以外从事相应教学活动，要注明“中国海关管理干部学院”。

（三）学院派出参加拓展训练教练员培训班和教练员认证培训班的教师，每次培训学习、引进的拓展训练项目不认定为新开发课程。

第十条　本办法由教育培训处、海关监管技术研究处、海关防辐射探测培训处负责解释。

第十一条　本办法自公布之日起施行，原办法即日起废止。

中国海关管理干部学院学术著作、教材出版资助管理办法

学术著作和教材建设是学院科研工作的重要方面，是衡量学院师资水平的重要指标。为提高学院的科研水平和教学质量，促

进优秀学术专著和教材尽快公开出版，特制定本办法。

第一章　申请资助的范围和条件

第一条　可申请出版资助的学术著作、教材范围。

（一）学术著作范围：

1. 具有重要的理论意义或应用价值的优秀学术专著；

2. 获得总署或系统外科研经费资助项目的结题成果；

3. 以国内外的学术专著为对象进行翻译形成的优秀学术译著。

（二）教材范围：

1. 干部教育培训相关学科教材；

2. 海关业务教材；

3. 实践教材、教学指导书等。

第二条　可申请出版资助的学术著作、教材条件。

（一）学术著做出版条件：

申请人原则上应为学术著作或教材的著作权所有者（第一作者）。著作必须符合《著作权法》、《出版管理条例》等国家政策、法规要求，字数不低于10万字。

（二）教材出版条件：

申请人必须为教材主编完成者，原则上普通教材不低于10万字，实践教材字数不低于5万字。

第三条　申请人必须是学院在编教职工或客座教授，申报时应附三名以上同行专家出具的书面意见，其中至少一名院外专家。

第四条　党员领导干部申请出版教材、学术著作，必须符合党纪党规要求。

第二章　申请与评审程序

第五条　申请人必须认真填写《中国海关管理干部学院学术著作、教材出版资助申请表》，申请人所在部门应对申请表进行审核，保证各项内容的真实性。

第六条　申请人要在规定的时间内分别把纸质和电子版《中国海关管理干部学院学术著作、教材出版经费资助申请表》、书稿各一份交到学院科研管理部门。

第七条　学院每学期集中受理一次申请。

第八条　申请者应在完成书稿后，方可提出申请。

第九条　学院科研管理部门对学术著做出版经费资助申请人进行资格认定，对申报的学术著作以及申请表等进行初审；教材管理部门对教材出版经费资助申请人进行资格认定，对申报的教材以及申请表等进行初审。

第十条　拟出版资助的著作与教材，按照自由申请、专家评议、择优资助的原则评选。学院学术委员会负责对著作类申请进行评审，确定推荐资助名单；学院教学委员会对教材类进行评审，确定推荐资助名单。

第十一条　经学术委员会或教学委员会审核评审通过的学术著作或教材出版资助名单提交主管院长审批，再报院长办公会研究决定后下达。

第三章　管理与实施

第十二条　学术专著、教材按照全额给予资助，根据出版社等级进行分等资助。国家级出版社最高不超过10万元，其他全国性的出版社和省级出版社（指省人民出版社、教育出版社、科技出版社）最高不超过8万元；其余出版社出最高不超过5万元。学术译著按合同金额的75%资助。出版社标准按照学院认定的出版社划分等级进行资助（具体目录参见学院科研奖励办法）。资助经费实行专款专用，只能用于出版费的支付。出版资助经费凭出版合同，按照财务有关管理规定执行。

第十三条 申请人应严格按照资助合同在规定期限内在约定的出版社完成出版计划。对达不到预定要求、立项后两年内未能按期出版或者存在版权纠纷等情况，学院科研管理部门将撤销立项，并收回资助经费。

第十四条 学院每年投入的出版资助经费专款专用。由学院资助出版的学术著作、教材不再列入院内科研成果奖励的范围。

第十五条 学术著作、教材出版时，须在封面、扉页或封底上标注“此书由中国海关管理干部学院资助出版”字样。

第十六条 学术著作、教材出版后，由申请者填写验收申请书，并将所出版的学术著作、教材分别交科研管理部门或教材管理部门、图书馆2本和5本存档。

第十七条 凡弄虚作假，或无故逾期不出版或有严重的著作权属纠纷者，一经查实，学院将追缴资助经费。申请人五年内不得再申请该专项经费的资助，并根据政策法规规定承担相应责任。

第四章 附 则

第十八条 本办法由学院科研管理部门负责解释。

第十九条 纪检监察部门按照工作职责对出版资助工作进行监督检查，受理群众举报查处违纪违法行为。

第二十条 本办法自印发之日起执行，原《学术专著、教材出版资助管理办法》（管干院办〔2020〕51号）同时废止。

“中国海关史料丛书”
编委会